通勤大学実践MBA

商品・価格戦略

グローバルタスクフォース(株)＝著
GLOBAL TASKFORCE K.K.

通勤大学文庫
STUDY WHILE COMMUTING
総合法令

まえがき

現代は、商品を作っても売れない時代だと言われています。消費者は広告に右往左往し、「みんなが持っているもの」を購入する傾向にあります。また、購買行動は流行に簡単に流されます。

しかし、フィリップ・コトラー（ノースウエスタン大学経営大学院教授）をはじめとする多くのマネジメント学者はこのような効果的な広告を打つことだけがマーケティングではないと言っています。マーケティングとは「商品が売れる」仕組みではなく「商品が売れていく」仕組みを考えることなのです。

新商品をどのようなプロセスで開発し、販売していけば消費者の意向にそれることなく新商品の開発ができるのか。この点について読者の方に理解していただきたいと考えます。

■時代（前提条件）の変化

昔は、モノを作れば売れた時代でした。それに対し、現代はモノを作っても売れない時代だと言われます。それは多くの競合が市場に参入を始め、市場が細分化されたことによる影響であることは間違いありません。しかし、これは競争が起こっていることの何よりの証明でもあり、資本主義社会的には当たり前のことです。むしろ、商品がなかった「モノを作れば売れた時代」の方が例外的であったと言えるのです。

にもかかわらず、現代が「モノを作っても売れない時代」であることに悩む多くの企業は、これだけ赤字を出し続けながら、過去の栄光時代を頭の中に描いています。その結果、独りよがりの商品開発のみが行われ、マーケティングを本格的に行っている企業には勝てないのです。

■マーケティング企業との差

マーケティングを本格的に行っている企業（以下、マーケティング企業）と過去の夢を見ている企業（以下、過去の夢企業）の大きな差は、消費者の意向に対する姿勢に顕著に現れます。

マーケティング企業は様々な市場調査などの裏づけと検証を経て、（「昔」ではなく「現在」の）市場を定量的に把握し、トレンドを確認し、定性的に具体的な消費者の気持ちをできる限り理解しようと努めます。一方、過去の夢企業は過去の成功や経験の流れで「意志」の入らない製品開発を続けたり、一部の製品開発リーダーの直感や勘で「これだ！」と閃いたアイディアを製品として販売してしまう過ちを犯してしまいます。

価格についても両者の考えは異なります。過去の夢企業の場合には、原価や一つ当たり手にしたい利益率を考慮されていれば優秀な方で、ここでも多くの場合、過去の実績値や予算のみをベースにした形（たとえば鉛筆をなめながら「昨年の5％アップでいこう！」など）で決まるか、直感や部長の鶴の一声（思い込みや根拠のない自信）で決まることになります。

しかし、マーケティング企業の場合にはコストや利益などという「自社の都合」に関しては参考程度に考えて、多くが消費者の意向、すなわち「消費者が高いと思うかお値打ちだと思うか」ということを徹底的に分析するのです。むろん、まさに言うは易しですが、そのために踏むべきステップを踏んでいないケースが非常に多いのも事実です。当たり前のことを当たり前にこなしていくことなしに、継続的に成長する製品を育てていくことはできません。

■脱！過去の夢企業

消費者の心をつかんだ商品とつかめない商品の差は歴然としており、徐々にマーケティング企業と過去の夢企業との差は開いていきます。最後は、マーケティング企業に過去の夢企業が買収されて終わり、というパターンです。

かつての小売業の代表格であったダイエーもそうですが、バウリンガルなどを開発して大ヒットを出した老舗玩具メーカーのタカラに対する携帯電話向けコンテンツ最大手のインデックスによる買収などもその一例といえます。会社経営における大前提は「継続性」であり、マーケティングも当然ながらバクチ的な驚異的なヒットよりも、確実に、そして継続的に小さなヒットを打ち続けることこそが最も重要かつ困難と言えます。

実際、そのために「売れていく仕組み」をつくることがマーケティングの基本的な目的であるということもうなづけるのではないでしょうか。

■本書の特徴

本書は商品を市場に出して事業を運営していく中で、基本的な「製品」と「価格」に特化して製品開発のプロセスを実践的にまとめた書籍です。特に価格戦略については多くのページを割きましたが、その理由は、「価格の打ち手一つで製品そのものの将来に関わる影響力を与えるほど、価格は重要な要因」であるからです。さらに、それほど重要な要因であるにもかかわらず、一般に「売る」という名目で、安易に価格を下げるなど軽視されがちです。

つまり、価格の持つ重要性と経営者または担当者が抱く価格の重要性の間で大きなギャップが存在すると思われるのです。「売るために価格を下げる」、または「売れないから価格を下げる」といったことが実に頻繁に行われています。

価格を下げることで削減される利益の機会損失を埋めるためにどれほどの量を売るべきか計算している人はたくさん存在しても、その実現可能性を検証して実行している人はどれほどいるでしょうか。前述のような動機で価格を下げた会社のほとんどは目標売り上げを達成せず製品そのもの（その製品がキラー商品となっている会社の場合は事業そのもの）をたたんでしまっているのも事実です。

本書は体系的に学びやすくするために所々にチェックリストやツールとして使いやすい「縮尺の異なる地図」をたくさん用意しました。これらの地図を利用して、今自分が何を学んでいるかを常に確認していただきたいと思います。

■謝辞

本書の出版にあたり、総合法令出版の代表取締役仁部亨氏、竹下祐治氏、田所陽一氏に感謝の意を表します。また、執筆・構成に多大なるご協力をいただきました花田典子氏、坪内孝太氏に感謝します。

●備考：本書タイトル『商品・価格戦略』について

マーケティングにおける「製品」と「商品」の概念は本来異なるものと言えます。製品と商品の正確な定義の違いは以下のとおりです。

まず「製品」は顧客のニーズやウォンツを満たしうるすべてのものと定義されているため、私たちが「製品」と言ったとき、広義にはいわゆる「有形物」だけでなく、「無形物（サービスやアイディアなど）」を含むすべてのものという広い概念で捉えられています。一方、「商品」は一般に「売買の目的とされる財貨」という限定された定義で捉えられています。

したがって、本書の扱う領域を示す正しいタイトルは厳密には「製品・価格戦略」と言えますが、本書では一般に身近で認識しやすい「商品・価格戦略」としております。ご了承ください。

本書の構成

- 商品開発の概要
  - 第1章：商品開発とは
- 商品開発過程
  - 第2章：商品開発プロセスⅠ　アイディアとコンセプト
  - 第3章：商品開発プロセスⅡ　STPとマーケティングリサーチ戦略
  - 第4章：商品開発プロセスⅢ　価格設定
  - 第5章：商品開発プロセスⅣ　事業分析
  - 第6章：商品開発プロセスⅤ　製品開発から商品化へ
- 製品化後の戦略
  - 第7章：ライフサイクルの戦略

目次

第3章　商品開発プロセスII：STPとマーケティングリサーチ戦略

第4章 商品開発プロセスⅢ：価格設定

第1章

商品開発とは

1-1 本章で学ぶこと

本章では商品開発を体系的に学ぶにあたり、必要な予備知識、常に考えておかねばならない事柄を中心に学習します。この章を読んで商品開発の概略をつかんでいただきたいと思います。具体的には次の3つの点について勉強します。

①商品開発とは

まずは、商品開発がどのようなもので、どのようなタイプの商品開発があるのかを学習します。これまで自社の製品ラインにないタイプの商品を開発するのか、あるいは商品ラインの拡張を目的とするのか、それらの違いに関する内容です。

②商品開発の際の様々な障害

商品開発を行う上で、既存の事実として知っておかねばならない障壁のような事実があります。たとえば、アイディアが出尽くされてしまっていることや、製品ライフサイクルが短縮されすぎていること、政府や社会による規制が多いこと、市場が細分化されすぎて

商品開発の概念をまず理解しよう。

いることなどです。

これらの障害を把握することで、逆に様々な観点で商品開発を行うことができるようになります。

③商品開発と組織

ある程度の規模の企業では一つの商品開発プロジェクトごとに小さな組織を形成します。その組織を形成したときから商品開発は具体的に始まっているとも言えます。

組織にはどのような役割があるのか、また組織のタイプにはどのようなものがあるのかという点について予備知識として把握できるようにすることが目的です。

これらを具体的に把握した後に、いよいよ商品開発のプロセスの学習に移行します。

1-2 商品開発とは

いかなる企業においても新製品を開発することは必須の条件となります。効果的な商品開発を行うためにも、市場の意志をくみ取り、競合を分析し、慎重に行う必要があります。商品開発における意思決定では以下のような6つのプロセスを経ます。

①アイディアの創出・スクリーニング

アイディアがなければ製品はできません。複数のアイディアから目的に見合ったもののみを選び出します。この過程をアイディアスクリーニングと言います。

②コンセプトの開発

アイディアが主体のない漠然としたものであるのに対し、コンセプトは消費者の受けるメリットおよび商品の概要をまとめたものを意味します。ここでは、アイディアをコンセプトの段階に引き上げます。

③市場調査によるSTP（セグメンテーション、ターゲティング、ポジショニング）決定

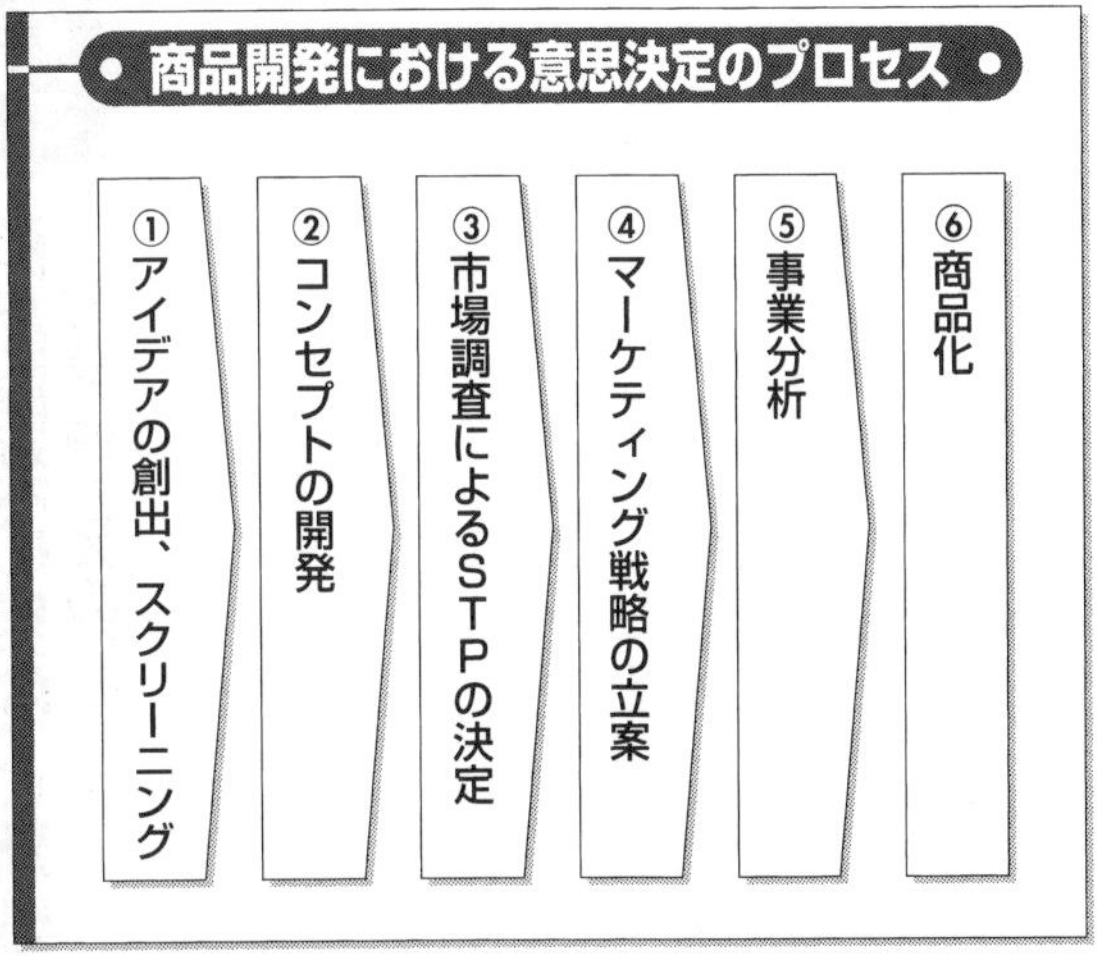
商品開発における意思決定のプロセス
①アイデアの創出、スクリーニング
②コンセプトの開発
③市場調査によるＳＴＰの決定
④マーケティング戦略の立案
⑤事業分析
⑥商品化

製品のコンセプトと同時並行で市場調査を行い、製品のポジショニングを確定します。どのような消費者に使用されることを目的としたものかを決めるということです。

④マーケティング戦略立案

続いて、ＳＴＰと整合性のあるマーケティング戦略を立案します。本書では特に価格について言及します。

⑤事業分析

考案した事業が果たして収益性の見合うものなのかについて分析します。

⑥商品化

収益性を見出せれば、商品化に向けて進みます。プロトタイプを作成し、市場の反応を見て適切なマーケティング案に仕上げます。

1-3 商品開発の目的と新製品のタイプ①
～新製品開発の目的～

「新商品」と一口に言っても、様々なタイプがあります。初めて世の中に出たときのインターネットも新製品ですが、コンソメ味、うす塩味に続く、〝キムチ味のポテトチップス〟なども新製品の一つです。

世界的なコンサルティング会社であるブーズ・アレン・アンド・ハミルトンは、こういった新製品を6つのカテゴリーに分類しています。

ここでのポイントは2つです。まず、新製品をただ闇雲に開発しようとしても、効率的な新商品化を進めることはできません。新製品を考える際には、そのための切り口が必要であるということです。たとえば、次のページの図表のとおり市場にとっての新規性と企業にとっての新規性という2つの軸により、6種類のカテゴリーで効率的に新商品の切り口を考えることができます。

もう一つのポイントは、新製品化成功の可能性についてです。6つのカテゴリー分けが

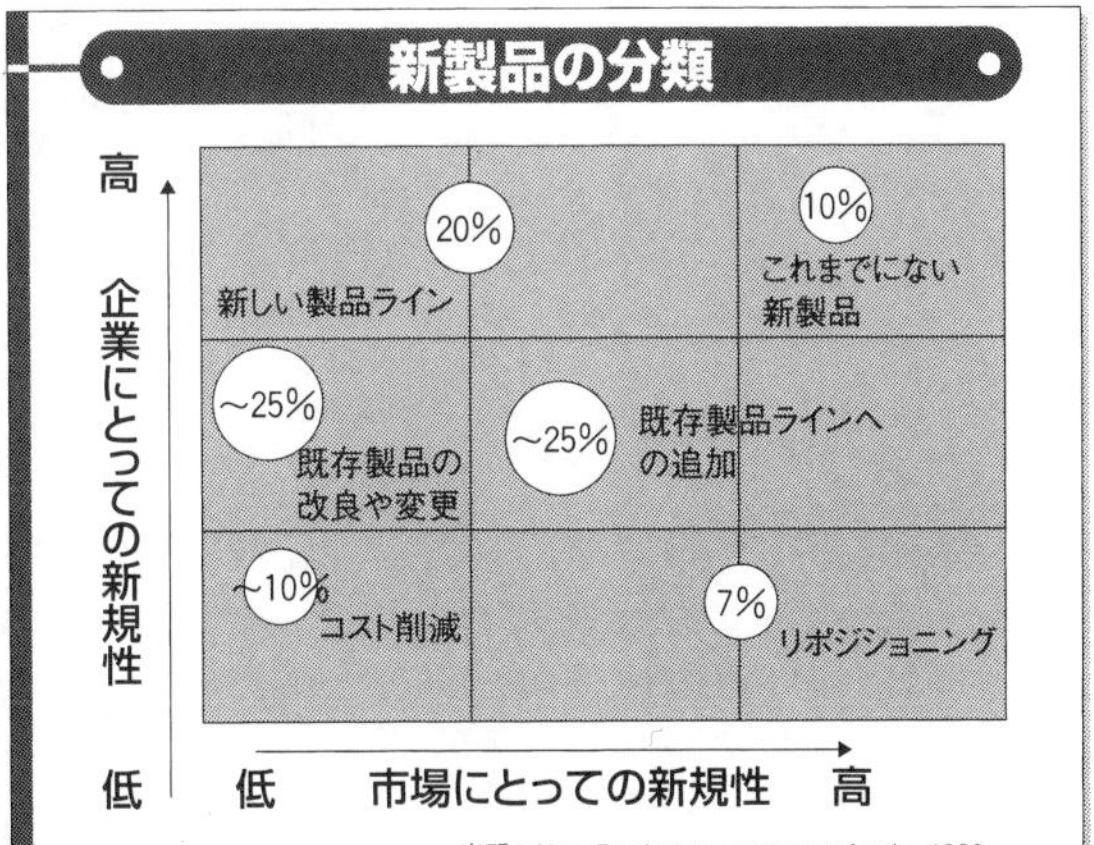

出所：New Product management for the 1980s (New York, Booz, Allen & Hamilton, 1982)

可能となる新商品の中でも、世の中に出ているものの多くが「改良や製品ラインの追加、コスト削減、新しい製品ライン」などの既存製品の改善または新規参入であり（全新製品の約80％程度）、市場における新規性のある製品は1割程度にすぎません。つまり、限りある経営資源の中から効率的のみならず「効果的」な新製品を作っていくためには、ギャンブルだけを行うわけにはいきません。特に新製品の6割が失敗すると言われている中で、「新商品の魅力度（品質・機能性）」と「成功可能性（価格や事業環境）」を評価した上で、製品のポートフォリオを考えていく必要があると言えます。

では、6種類それぞれを見ていきます。

1-4 商品開発の目的と新製品のタイプ②
～これまでにない新商品・新しい製品ラインの追加・既存製品ラインへの追加～

新商品の6つのカテゴリーは、大きく2つのグループに分類することができます。すなわち、「今までにない商品を生み出すもの」と「既存製品に手を加えるもの」の2つです。

ここではまず、「今までにない商品を生み出すもの」として、次の3種類の新商品をご紹介します。

①これまでにない新商品

まったく新しい市場を創り出すような製品です。具体的にはDVDプレーヤー市場や携帯電話市場など、新しい領域を生み出すような製品を指します。

②新しい製品ラインの追加

すでに他社によって確立されている市場に、企業が初めて参入するような新製品です。たとえば、サントリー「伊右衛門」や伊藤園「おーいお茶」などの緑茶飲料市場に、日本コカコーラ社が「一（はじめ）」という新製品で参入するのも、このタイプです。

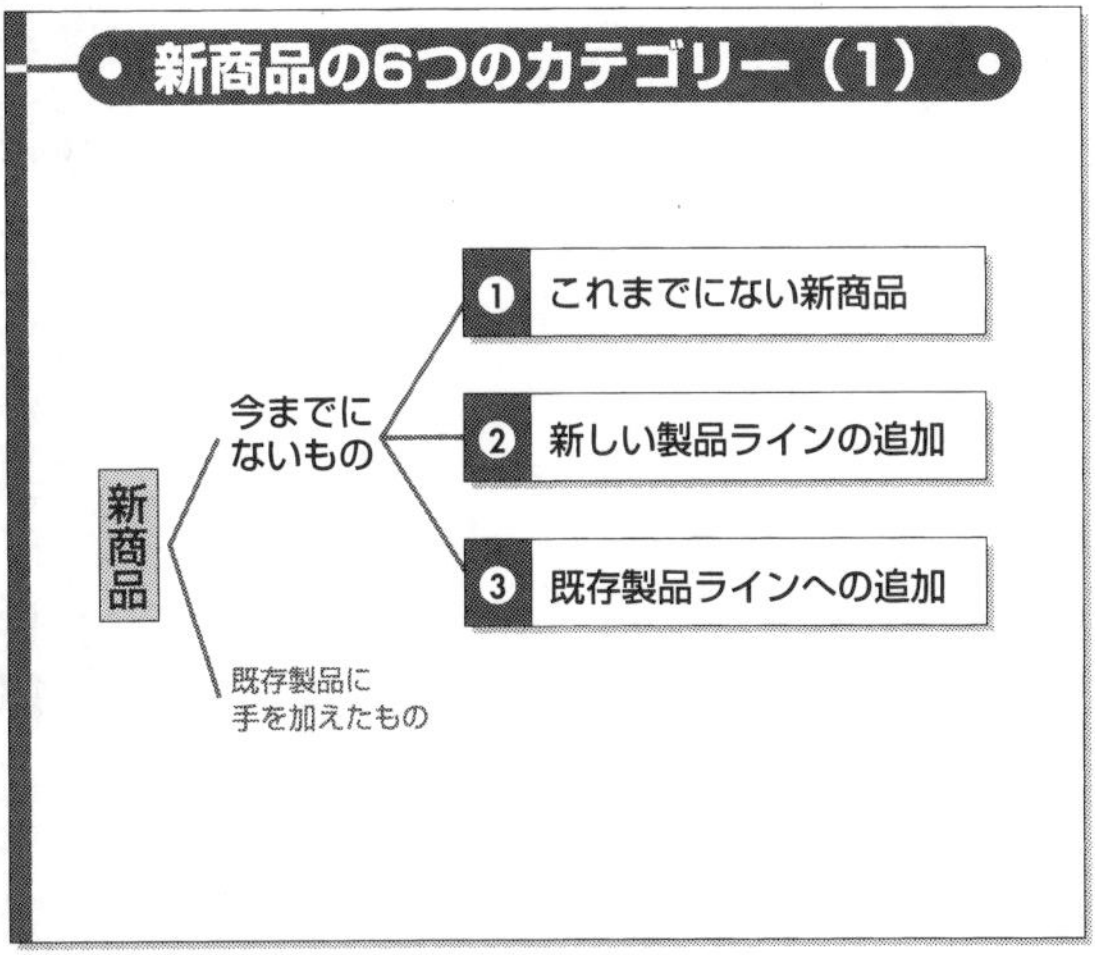

③既存製品ラインへの追加

自社がすでに発売している市場に向けて、自社商品を補うような新製品を出すことです。ポテトチップスの新しいフレーバーや、P&Gの食器洗い洗剤「ジョイ」の、「オレンジピール成分入りジョイ」や「緑茶成分入りジョイ」といったラインナップもこれに該当するでしょう。

1-5 商品開発の目的と新製品のタイプ③
～既存製品の改良・変更・ラインの追加・コスト削減・リポジショニング～

前頁に引き続き、新商品の種類を説明していきます。

④既存製品の改良や変更

自社が出している現行製品の性能を改善することで、既存製品の代替となるような新製品です。たとえば、マイクロソフトの統合ソフト「オフィスＸＰ」などが挙げられます。また、機能は変わらないものの、見た目がコンパクトになったソニーの家庭用ゲーム機「ＰＳＯｎｅ」などもこのタイプです。こうした商品はすでに認知されてしまっているため、一見新製品には思われません。従来の商品との違いを、パッケージなどで明確にしていく必要があるでしょう。

⑤リポジショニング

新市場または異なるセグメントを狙って売り出した、既存製品のことです。本来は別のセグメントに向けて売り出したものであっても、その商品の持つ機能が、他のセグメント

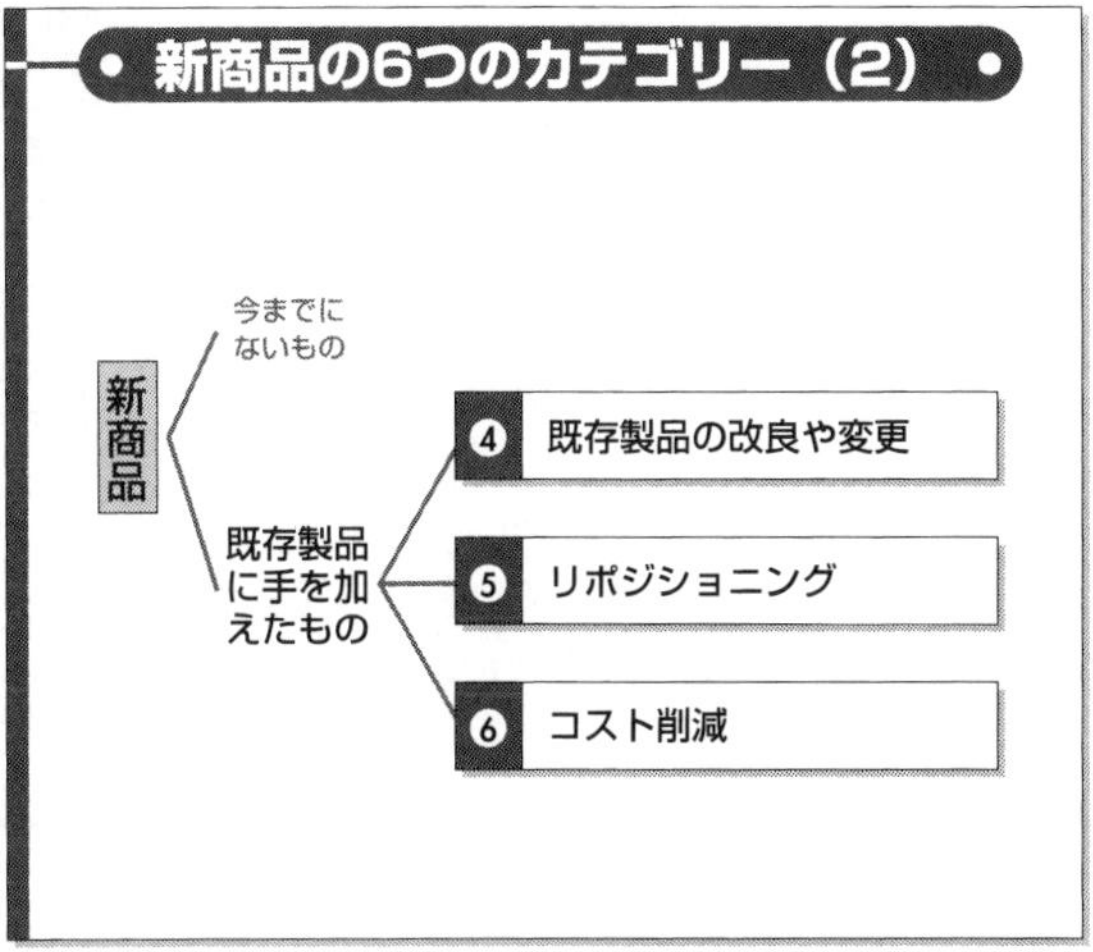

にも受け入れられるものであった場合、こうしたリポジショニングは有効です。

⑥コスト削減

既存製品の機能は同じままで、より低コストで生産できるようになり、低価格で発売されるようになった新製品です。一個あたりの値段はそのままで、量を増量して売り出すことも可能になります。規模の経済性や経験曲線の効果が表れると、こうした新製品が出るようになります。ただ、コスト削減ができたからと言って、低価格で売り出すことが必ずしもベストであるとは限りません。価格に関しては第4章で詳しく触れますが、コストなど企業の事情だけで価格を変えるべきでないことを覚えておいてください。

1-6 商品開発にあたっての落とし穴と重要事項①
～アイディア不足～

次に商品開発における落とし穴について一つずつ詳しく見ていきます。

まず、新製品開発では、画期的なアイディアが出るかどうかが勝敗の鍵となります。アイディアはいわば商品の核となる部分であり、消費者を惹きつける必要があります。

しかし、コトラー教授はすでに特定の市場ではアイディアの余地が残されていないと指摘しています。特に、アイディアが飽和状態にある市場は、製品に与えられる機能が限られています。食器洗い洗剤で言えば、「油汚れに強い」「手にやさしい」「除菌ができる」「消臭」など、この製品に付与できると考えられるアイディアはほとんど出尽くしてしまっています。画期的なアイディアが不足しているために、中途半端なアイディアのまま商品を出してしまい、他の製品と差別化できずに失敗に終わることもあります。

画期的なアイディアを出すには、単に独創的な思考だけでなく、むしろ消費者としての感覚や視点に基づく独創的な切り口が求められるでしょう。たとえば、サントリーが「D

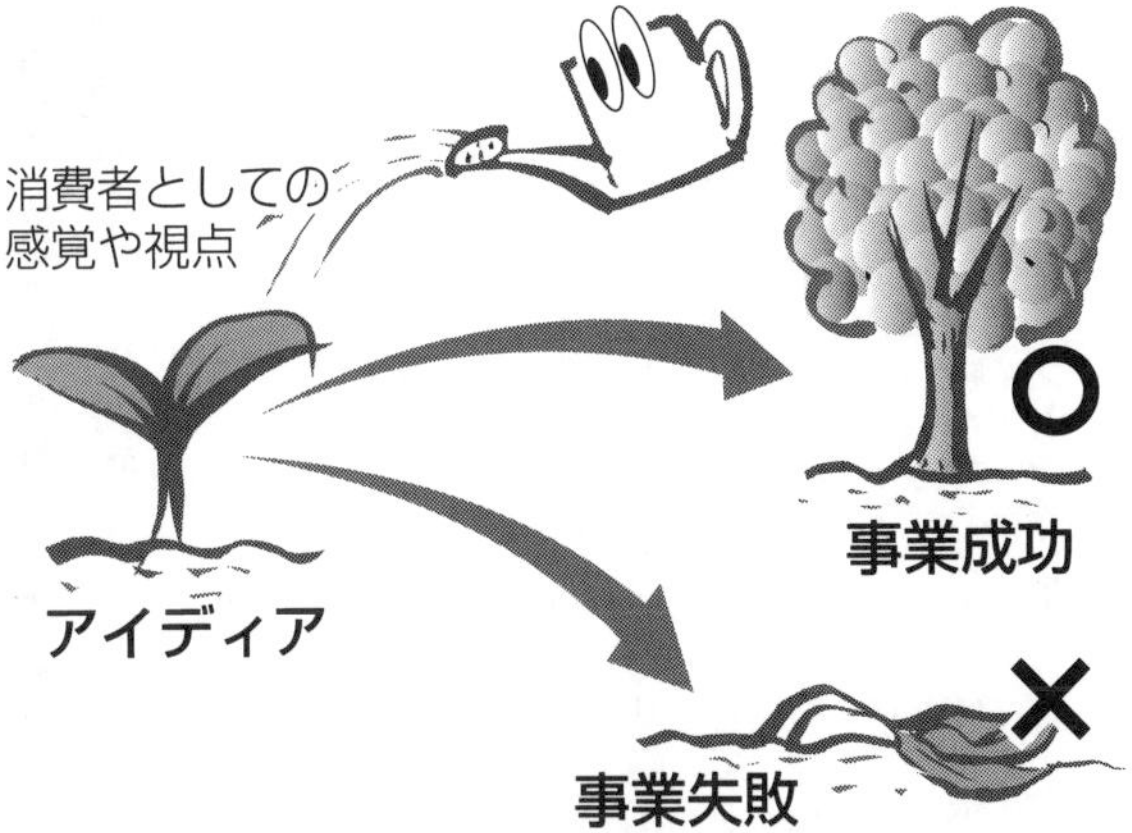

消費者としての感覚や視点を盛り込むことが、画期的なアイディアを出すためのヒントとなる。

AKARA」のアイディアを出すことができた背景には、消費者が飲み物を手にとるときの「何となく」という気持ちを徹底的に考えぬいたことが挙げられます。また、ヒット商品に見られる共通点を探り、消費者ニーズと照らし合わせ、他社製品にはないものを見つけ、アイディアに結びつけることもできます。サントリーの場合、スポーツドリンク市場における「アクエリアス」や「ポカリスエット」の共通点を探し、「白濁」であることを発見しました。また、これら2つにないものは「癒し」であると考え、「DAKARA」のコンセプトへ繋げたと言います。このように、画期的なアイディアを出すヒントを得るために、先人に学ぶことも有効な手段です。

1-7 商品開発にあたっての落とし穴と重要事項②
～市場分裂～

ある市場における競争が激しくなると、企業はまだ開拓されていないセグメントを次々と狙っていきます。すると、ターゲットとなるセグメントが競合他社によって埋められてしまい、ニッチスペースを探すしか方法がなくなってしまいます。

たとえば、30代の女性に対して基礎化粧品を提供してきたS社という化粧品メーカーがあるとします。この30代女性の基礎化粧品市場は成長市場だったため、K社やO社といった化粧品メーカーが次々と参入してきました。K社は30代女性のなかでも、特に30代後半の富裕層を狙った高級感のある製品を売り出し、反対にO社は、30代のOLをターゲットに、手ごろな値段を売りにした基礎化粧品の販売を始めました。このように市場がどんどん細分化されていったのです。危機感を覚えたS社は、新製品を出そうとターゲットとなりそうなセグメントを探しましたが、すでに他社製品によって埋められていました。こうした状況が「市場分裂」で、見つけたニッチのターゲットに対して新製品を出しても、売

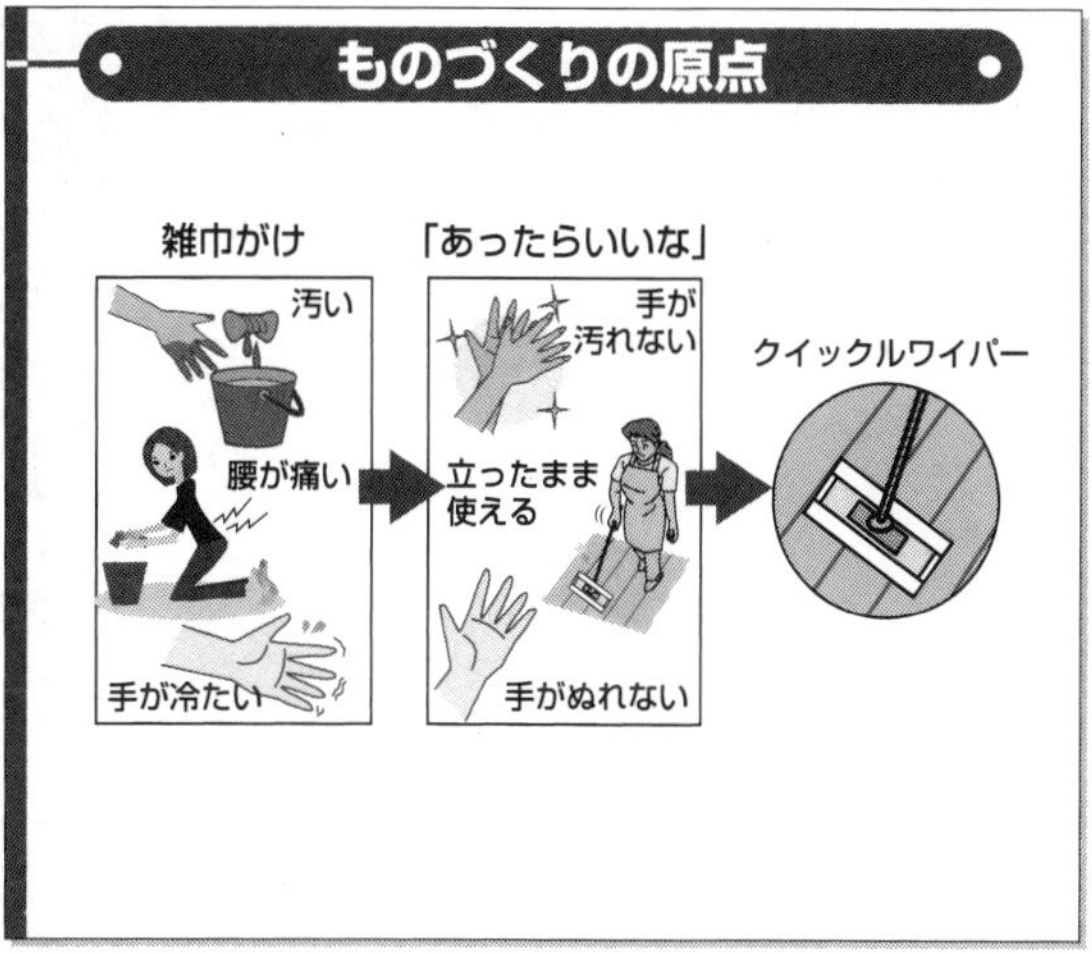

上が伸びず、失敗する原因となるのです。

市場分裂への対応策の一つは、セグメントからニーズを探すなどのテクニックに走り過ぎないことです。つまり、製品そのものの品質や機能の優位性を高めるなど、本質的な価値を高める「ものづくりの原点」を大前提に考えることも重要です。たとえば、掃除で雑巾がけをするときに感じていた不便さ（雑巾の汚なさ、低姿勢の困難さなど）を解消するために「あったらいいな」を実現させたクイックルワイパーなど、まったく新たな市場を考える前に、前述の新製品のタイプでも見てきた既存製品の改良を考えるなど、机上の偏ったマーケティング戦略にならないように注意する必要があります。

1-8 商品開発にあたっての落とし穴と重要事項③

～政府や社会による規制・高コスト化・資金不足～

引き続き、商品開発における代表的な落とし穴、重要事項について見ていきます。

①政府や社会による規制

「消費者の安全」が特に求められる製薬会社や玩具メーカーにとって、政府や社会による規制は、新商品開発にあたっての障壁となることがあります。画期的な効果のある薬品が開発されても、安全性の観点から許可が下りず、発売できないこともあります。また、小さな子供が扱う玩具についても、あらゆる危険を考慮し、テストを重ねたうえで発売される必要があり、クリアできなければ失敗となってしまいます。

こうした製品の開発時には、現在の法令を前もって把握するのはもちろんのこと、常に政府や世の中の動きに敏感になり、将来発効する規制も視野に入れておく必要があります。

②開発プロセスの高コスト化

新製品を開発していくうえで、コストがかさみ、製品の実現までたどり着けないという

商品開発における様々な落とし穴に注意しよう

例もあります。開発プロセスにおいて、ある程度コストを見積もってから始めても、研究開発費やマーケティング費が予想外にかかってしまうことがあるからです。また、原材料の値段が流動的な場合にも、値段が高騰するとコスト高へと繋がります。

③資金不足

資金不足によって開発が遅れ、失敗してしまうケースもあります。開発においては、商品を発売する時期も重要な要素です。そのため、資金不足のために開発が延滞すると、商品が失敗する可能性も高くなるのです。

1-9 商品開発にあたっての落とし穴と重要事項④
～開発時間・製品ライフサイクルの短縮化～

次の落とし穴が開発時間と製品サイクルの短縮化です。

①開発時間の短縮化

時代の流れで移り変わっていくニーズにいち早く応えるには、新製品の開発スピードが必要となります。技術の進歩によって製品開発時間が短縮するなか、開発速度が遅い企業は不利な状況に追い込まれるでしょう。そうした企業は、設計や製造技術のコンピュータ化、戦略上のパートナー、コンセプトの早期評価、先進的なマーケティング戦略などを活用して、開発時間を短縮していく必要があります。

②製品ライフサイクルの短縮化

技術進歩、情報の浸透化、マーケティング戦略によって、製品のライフサイクルが短縮化されることも、新製品が失敗する原因となります。たとえば、ある新製品を市場に出しても、他社がその製品をすぐに開発できてしまえば、自社が開発コストを回収する前に他

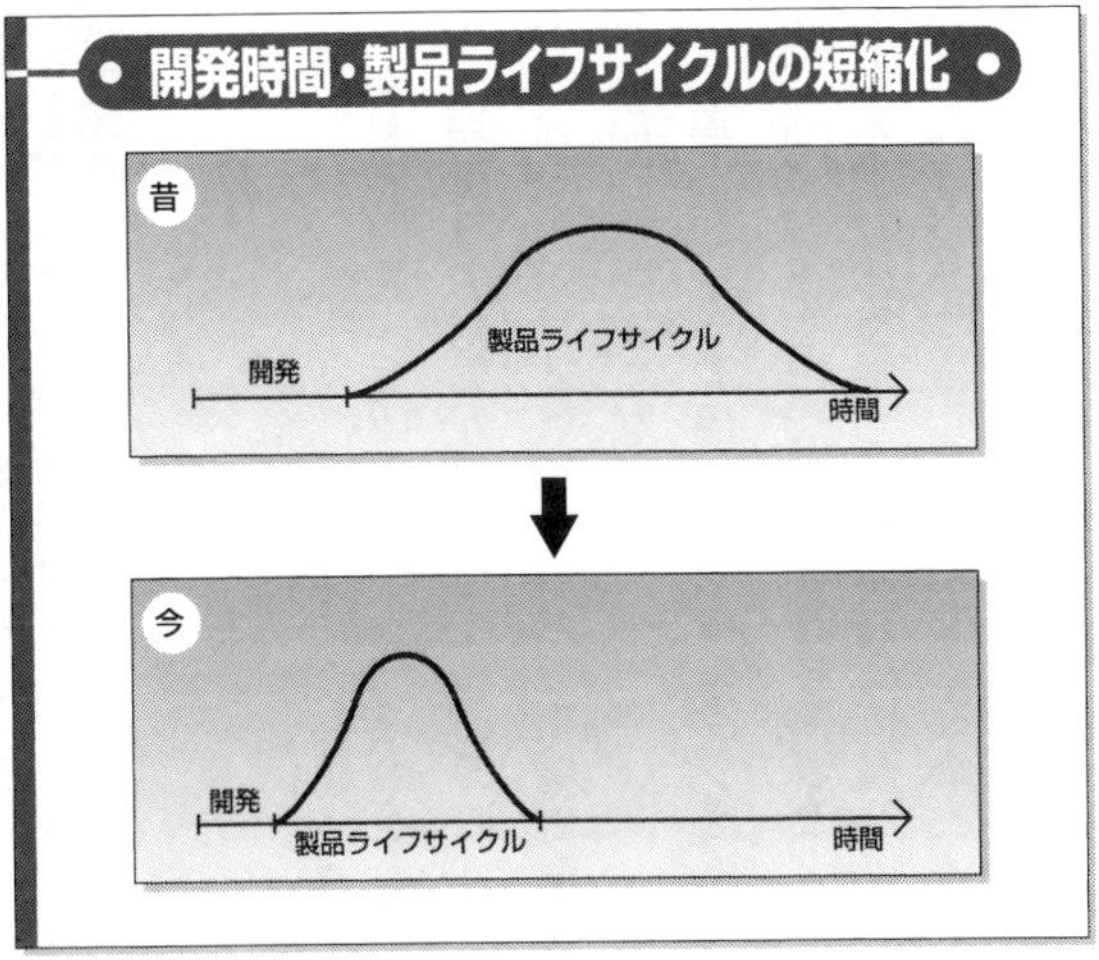

社製品が店頭に並んでしまい、投資分を回収できなくなってしまいます。製品ライフサイクルの短縮化による失敗を防ぐためには、他社が追いかけて製品を出してくることを想定し、戦略を考える必要があります。

たとえば、P&Gの食器洗い洗剤「ジョイ」も、他社の追随や商品ライフサイクルの短縮化を考慮された製品の一つです。P&Gによれば、「油汚れに強い」をコンセプトにした「ジョイ」を開発する際、発売後に他社が同じようなコンセプトで新商品を出すことをすでに想定していたそうです。この他社の攻撃を読んだ戦略が功を奏して、他社が類似製品を発売した後も、「ジョイ」は、ヒット商品の位置をキープし続けています。

1-10 商品開発にあたっての落とし穴と重要事項⑤
～その他の事項～

落とし穴について、最後にその他の要因をまとめて考えましょう。

新製品開発が失敗に終わる、その他の理由としては、以下のようなものが挙げられます。

①市場調査の結果が思わしくないのに、上層幹部が気に入ったアイディアを押し通す
②アイディアはすばらしいが、市場規模を過大評価している
③製品設計がよくない
④市場における製品ポジショニングを誤る
⑤開発コストが予定を上回る、効果的でない広告を打つ
⑥競合他社の反撃が、予想以上に激しい

これらの失敗に共通して言えることは、事前の準備が不足しているという点です。こうした問題が起こるのを防ぐために、成功を収めた新製品がどのような共通点を持っているのかを考えてみましょう。マディークとザーガーは、新製品が成功するための要素を以下

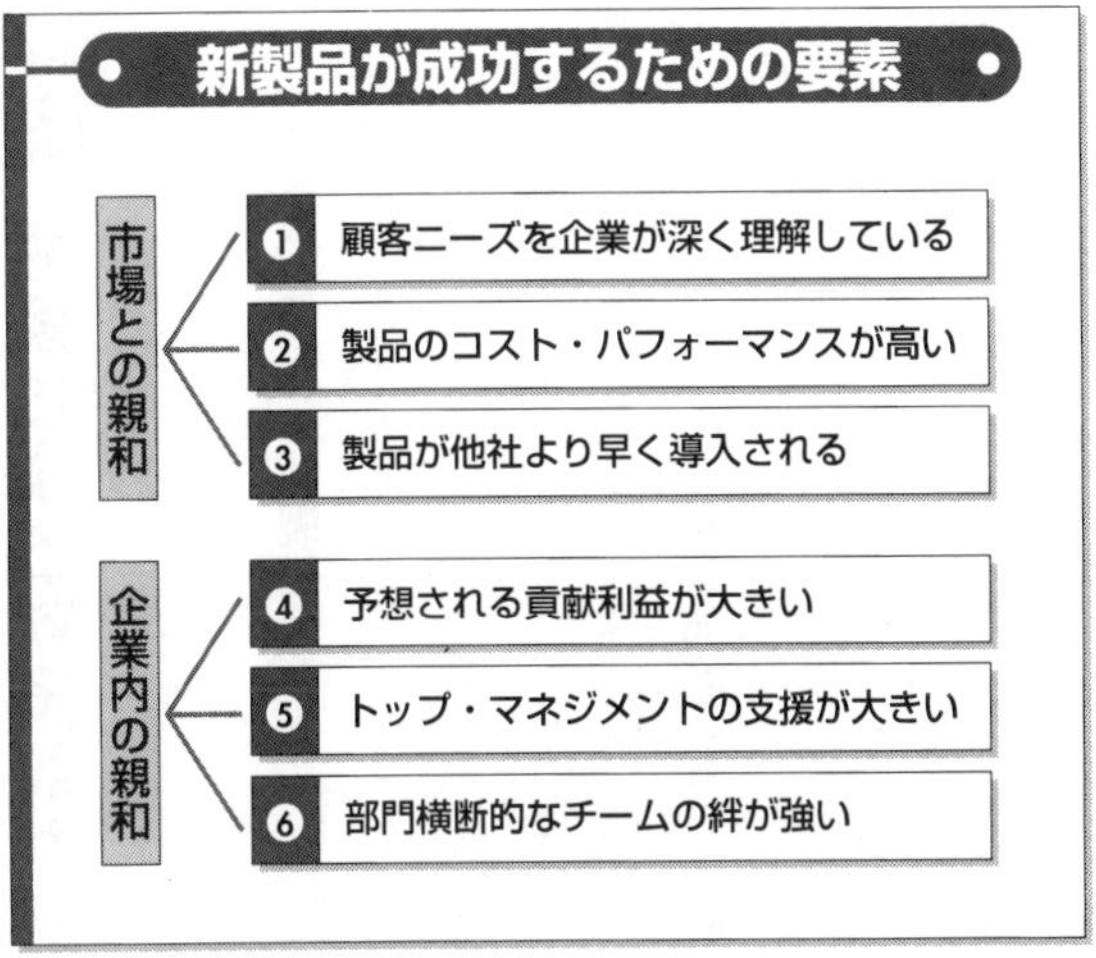

のように挙げています。ポイントは「市場との親和」「企業内の親和」という2つの親和であることがわかります。

①顧客ニーズを企業が深く理解している
②製品のコスト・パフォーマンスが高い
③製品が他社より早く導入される
④予想される貢献利益が大きい
⑤トップ・マネジメントの支援が大きい
⑥部門横断的なチームの絆が強い

もちろん、これらすべての要素を満たすことは現実的に困難ですが、成功させるための秘訣として、常にこうした点を心がけるべきでしょう。さらに、ブレインストーミングやマーケティング調査といった、土台となる準備も怠ってはなりません。

1-11 組織による効果的な調整①　〜新製品開発の予算〜

落とし穴と逆に、新製品開発成功の鍵となっているのが、トップマネジメントです。トップマネジメントが新製品開発にあたって行わなければならないタスクの一つに、予算の割り当てがあります。研究開発には不確定要素が多いため、どういった投資をするのかは企業それぞれで異なっています。たとえば、わずかな成功率にかけ、多くの計画に予算を割り振っている企業もあれば、競合他社に合わせている企業もあります。

ここで、企業による新製品開発費の計算方法を紹介していきます。次ページの表をご覧ください。

まず、アイディア・スクリーニングの段階で、アイディア64件を見直しました。この64件の合格率は、4件のアイディアにつきわずか1件、つまり16件だけだったのです。この段階で、アイディア1件につき、1000ドルの調査費がかかっており、64件のアイディアに関して行ったため、総コストは6万4000ドルになります。コンセプト・テストを

1つの製品を成功させるためにかかる推定コスト

段階	アイデア数	合格率	1アイデアあたりのコスト	総コスト
1. アイデア・スクリーニング	64	1:4	1,000ドル	64,000ドル
2. コンセプト・テスト	16	1:2	20,000ドル	320,000ドル
3. 製品開発	8	1:2	200,000ドル	1,600,000ドル
4. テスト・マーケティング	4	1:2	500,000ドル	2,000,000ドル
5. 全国発売	2	1:2	5,000,000ドル	10,000,000ドル
			5,721,000ドル	13,984,000ドル

出所:P. コトラー著『マーケティング・マネジメント(ミレニアム版)』(ピアソン・エデュケーション)

行い、アイディア16件のうち、8件が生き残ります。ここでは1件につき2万ドルの調査費がかかっています。さらに、その半数4件が製品開発で生き残り、1件あたり20万ドルかかっています。そして、2件がテスト・マーケティングで好成績を収め、1件50万ドルかかりました。最後に、この2件を500万ドルのコストをかけて発売し、1件だけがヒットをしたというケースです。結果、1つのアイディアを成功に導くまで、開発コストは1398万4000ドルに及んでいます。

このように、製品を開発するコストは多段階で計算する必要があります。それに応じた予算編成を行う必要があるのです。

1-12 組織による効果的な調整②
～新製品開発の組織編成～

組織編成を行うこともトップマネジメントの仕事として挙げられます。一般的に、新製品開発に必要な組織の組織にはプロダクトマネジャーや新製品マネジャーを中心として、新製品委員会、新製品開発部門、新製品開発ベンチャーチームなどを編成します。

①プロダクト・マネジャー

多くの企業では、新製品開発をプロダクト・マネジャーに任せています。しかし、プロダクト・マネジャーは既存製品の管理で忙しく、新製品に手を出す余裕がありません。

②新製品マネジャー

カテゴリー・マネジャーの下に、新製品マネジャーを配置する企業もあります。新商品の機能を専門的に扱いますが、プロダクト・マネジャーと同様、現行の製品の改良やラインの拡張を中心に考える傾向があります。

③新製品委員会

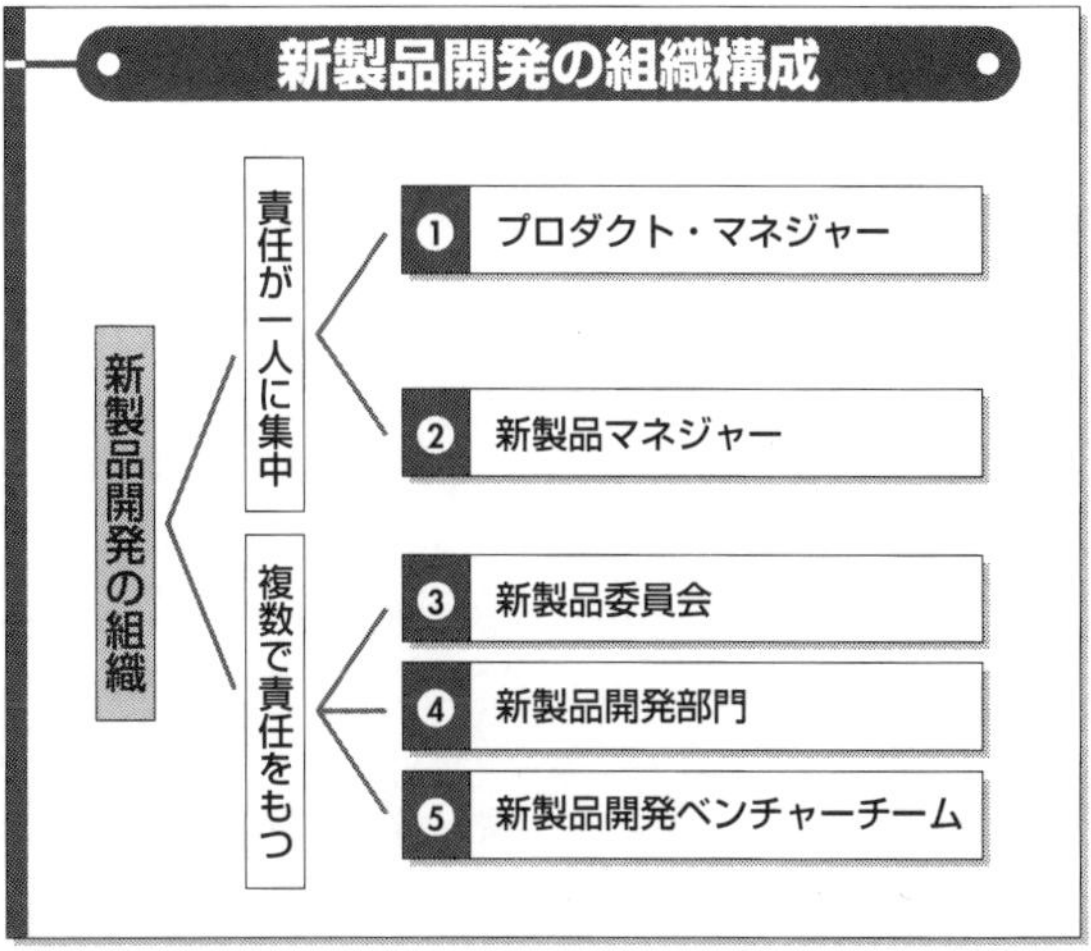

新しい提案の検討・承認を任された、ハイレベルなマネジメント委員会です。

④新製品開発部門

トップマネジメントにもアクセスがあるマネジャーが率いる部門です。この部門では、新しいアイディアの創出とスクリーニング、研究開発部門との共同作業、フィールド・テスト、商品化を手掛けます。

⑤新製品開発ベンチャー・チーム

各関係部門から召集されて、一定の製品や事業の開発を任されたグループのことです。メンバーは「社内起業家」となって他の業務を免除され、予算、時間枠、「スカンクワーク（革新的な計画や製品製造を任された特別なチーム）」の場が与えられます。

第2章

商品開発プロセスⅠ

アイディアとコンセプト

2-1 本章で学ぶこと

第2章ではアイディアを産むということ、さらにアイディアをコンセプトに変えるということ、この2点について学びます。

アイディアとコンセプトの違いは、アイディアが「企業側の視点から商品を表現した形」であるのに対し、コンセプトは「顧客側からの視点も加え、アイディアを消費者の言葉で表現して磨き上げたもの」であるということです。たとえば、「製造コストの低さでは他社には劣らないMDコンポシステム」というのは企業から見た意見ですのでアイディア、一方「録音と再生の2つの機能のみに絞ったシンプルで低価格のMDコンポシステム」というのは消費者の視点ですので、コンセプトだと言えます。

では、実際にはどのようなステップを踏むのでしょうか。つまり、以下の2点について考えることになります。

①どのようにアイディアを産み出すのか

企業の視点で考えられたアイディアを、消費者の視点に立ったコンセプトへと昇華させよう。

②どのようにアイディアからコンセプトへと昇華させるのか

①では、出来る限りのアイディアを考えるにこしたことはありませんが、たとえば新製品のタイプのところで見てきたような基本的な切り口を常に持っておくことが重要です。

その上で、アイディアが多く出たところでアイディアをコンセプトへと昇華させることを行います。ここで、たくさんのアイディアを選抜にかけてから選抜を通過したものに限りコンセプトに変えることを学びます。これは効率的な商品開発を行うためです。そして、スクリーニングを通過したアイディアはコンセプトへと昇華させます。

本章ではこの一連の流れを学習しましょう。

2-2 アイディアの創出①　～顧客のニーズと欲求～

商品開発において、アイディアは商品の核となる不可欠なものです。ヒット商品の影には必ずといってよいほど、革新的なアイディアが存在しています。

同時に、アイディアを得ることは容易な作業ではありません。ここからは、コトラー教授が紹介する「アイディアを得るための5つの視点アプローチ」を紹介していきます。

まず、アイディアを考えるにあたり、顧客の欲求という着眼点を忘れてはいけません。偉大な発明や商品の進化は、すべて留まることのない人の欲求から生まれたものであり、それはアイディアの宝庫であるからです。「外出しているときに人と連絡を取りたい」という思いから携帯電話が生まれ、次に「手軽に連絡をとりたい」というニーズから「メール」という機能がつき、さらにはインターネットがしたい、音楽を聴きたい、テレビを見たい、と人の欲求は常に広がり、新しい製品が生まれています。

こうした「顧客のニーズと欲求」からアイディアを得ようとする際に必要なことは、

巻末資料①「アイデア創出のためのチェックリスト」で実践！

「一般消費者の視点から、感覚を具現化すること」でしょう。「感覚を具現化する」というのは、普段何気なく感じている不便さや商品をどのような思いで手にとっているか、という感覚的な部分を、より具体化させることです。たとえば、雑巾がけの「低姿勢になるのが面倒くさい」「汚い雑巾に触りたくない」といった不便さを感じていた人にとって、「立ったままの姿勢で使い捨てのシートで床が拭ける」というクイックルワイパーは「あったらいいな」という欲求を満たす魅力的な商品です。

日常のなかで感じた思いをメモにとっておくなどして具現化することも、アイディアを得る有効な方法と言えます。

2-3 アイディアの創出② ～リードユーザー～

2点目はリードユーザーの感想や意見から、新商品のアイディアを得るという方法です。リードユーザーとは、改良点をすばやく見つけ、指摘してくれるユーザーのことです。コトラー教授は「最高のアイディアの多くは、顧客に現行商品の問題点を指摘してもらうことによって生まれている」ことを、『コトラーのマーケティング・マネジメント（ミレニアム版）』（ピアソン・エデュケーション）の中で、3Mの例を用いて次のように主張しています。『3Mは石鹸をしみこませた鋼鉄繊維製タワシのニッチ市場に地歩を築くために、全国の消費者を対象とした8つのフォーカス・グループ調査を行った。現行製品が抱える問題点を消費者に尋ねた結果、最大の不満はこうしたタワシを使うと高価な調理器具に引っかき傷ができることだと判明した。得られた知識をもとにして、スコッチ・ブライトの引っかき傷防止用タワシというアイディアが誕生した』

リードユーザーからアイディアを得る方法としては、消費者にモニターとなってもらう

巻末資料①「アイデア創出のためのチェックリスト」で実践！

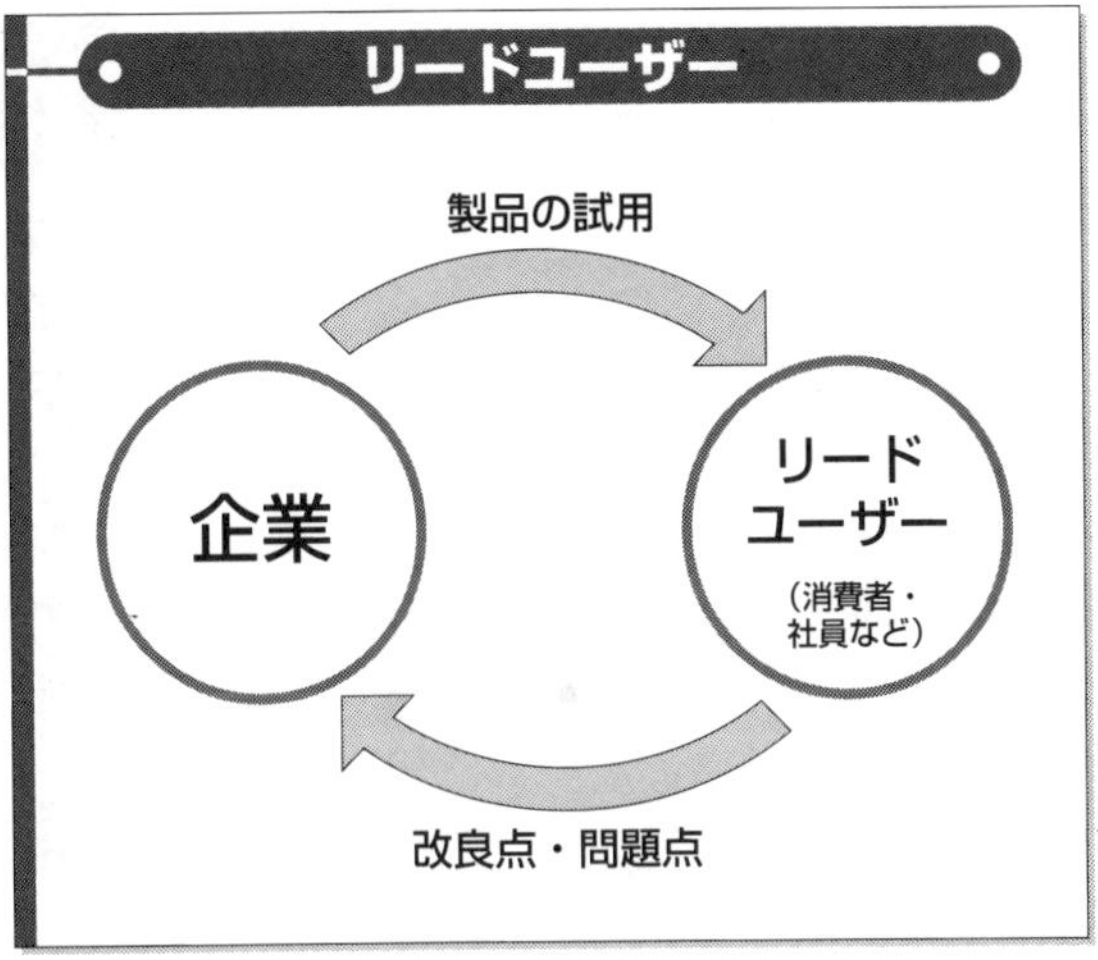

だけでなく、自社の社員にリードユーザーとなってもらい意見を聞くという方法もあります。ヒゲ剃り用の剃刀を開発しているあるメーカーでは、モニターに志願した男性社員に、ヒゲをそらずに出社してもらい、研究所で指定された剃刀を使ってもらいます。そして、その様子をモニターしつつ、製品改良に繋げているそうです。製品が剃刀などのデリケートな製品の場合は、安全面の点からも、実際の顧客よりも内部の人間にモニターとなってもらったほうがいいでしょう。

このように、製品の課題点を根気よく探し、新しいアイディアに活かしていくことも有効な手段でしょう。

2-4 アイディアの創出③ 〜その他〜

③競合他社の製品やサービス

3点目は、競合他社の製品やサービスを参考にすることが挙げられます。特に、市場のなかで大きなシェアを占めるヒット商品にどのような共通点があるのかを調べ、アイディアやそれを買う顧客ニーズまで落とし込むことも有効な手段です。競合他社のアイディアの二番煎じではなく、それらの商品に欠けているものや改善すべき点を見抜き、自社の新製品のアイディアとするのが有効です。

④販売員や仲介業者

4点目として、販売員や仲介業者からの情報を得ることで、有効なアイディアが生まれることもあります。彼らは売上や世の中の流行を把握している小売業者の情報を持っており、そうした現場の生の情報は非常に貴重なものです。また、顧客と直に接する機会があるため、競合他社の動向や顧客ニーズも探ることができるでしょう。企業によっては、販

巻末資料①「アイデア創出のためのチェックリスト」で実践！

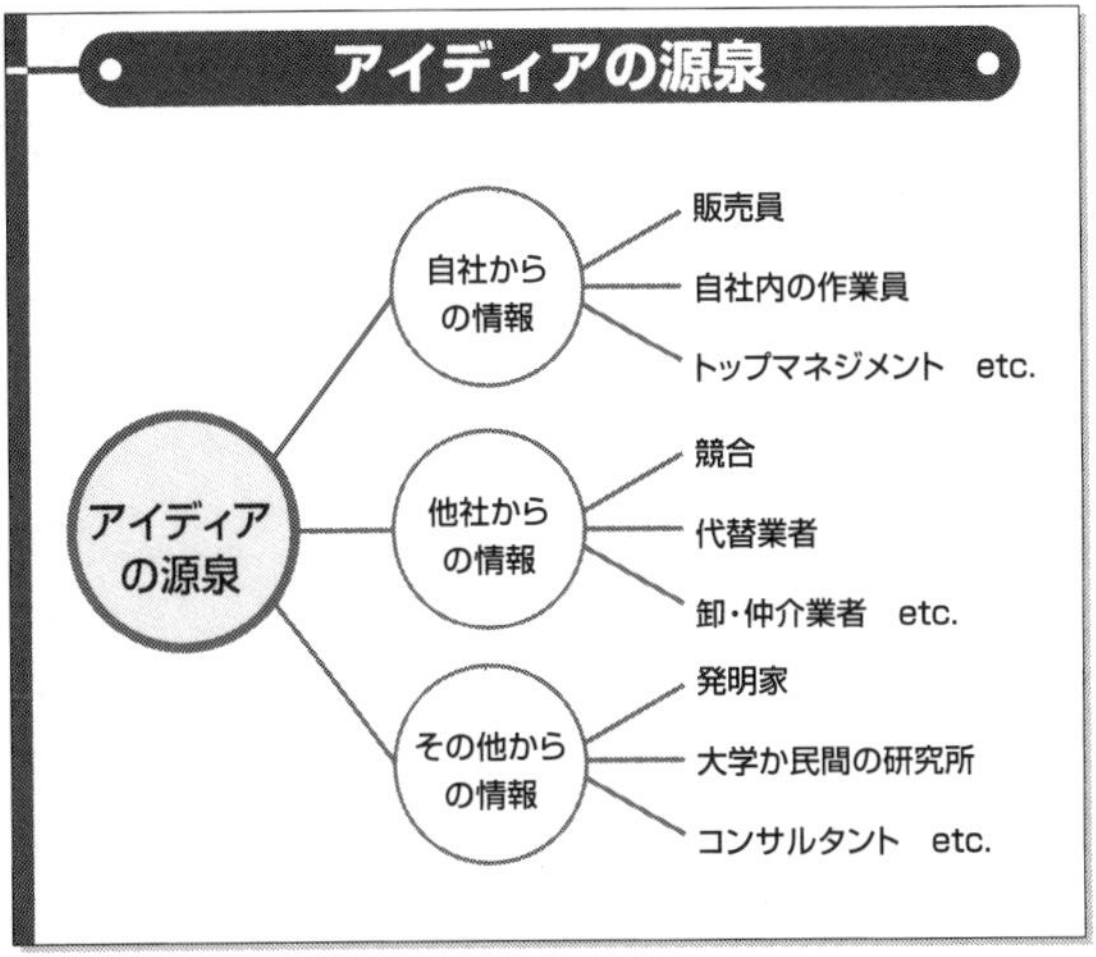

売員や仲介業者に新製品のアイディアを求め、報酬を出しているケースもあるようです。

⑤その他

コトラー教授はトップマネジメントや専門家たちからアイディア創出のヒントを得ることを5点目に挙げています。

他にも、トップマネジメントがアイディアを供給する場合もあります。たとえば、ポラロイドやヒューレット・パッカードは、CEOのリーダーシップのもと、様々な事業の集合体として組織されています。

また専門家として、発明家、特許関係の法律事務所、大学や民間の研究所、産業コンサルタント、広告会社、業界専門紙などがアイディア源として挙げられます。

2-5 アイディア・スクリーニング

アイディアが出揃ったところで、アイディア・スクリーニングを行います。なぜ、このプロセスが必要であるかについて考えます。

①開発コストが大幅に上昇するため、すべてを実行するわけにはいかない

製品をコンセプトにし、戦略を練って、プロトタイプを作成していくということになると、マーケティング費や技術開発費がどんどん嵩《かさ》んできます。

②そのアイディアが実現可能なものでなければ意味がない

「誰もが世界中の好きなところへ瞬間で行ける」というアイディアはどんなに魅力的で素晴らしくても、ドラえもんの「どこでもドア」を開発することは不可能です。

③アイディアが実現できても、効果が得られないと価値がない

たとえば「机の上を自動的に散らかす」というアイディアは実現可能ですが、良い効果は得られません。実現可能でも、効果がほとんど期待できなければ価値はありません。

巻末資料②「アイデア・スクリーンニングチェックリスト」で実践！

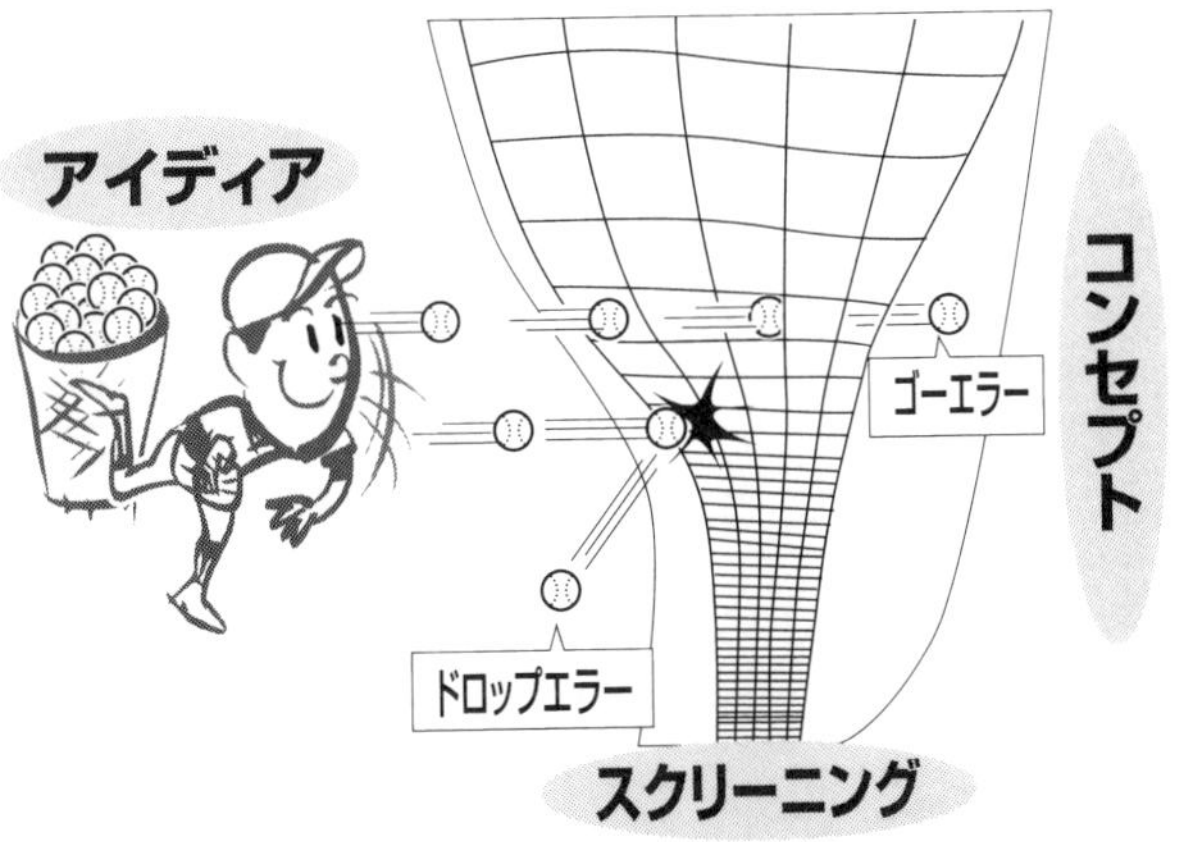

アイディアをコンセプトにする際のスクリーニングは、厳しすぎても甘すぎてもいけない。

それでは、どのようにアイディアを評価すればよいのでしょうか。大半の企業では、新製品アイディアをフォームに従って記載するようにしています。項目には、製品アイディア、標的市場、競争状況などを記載させ、市場規模、製品価格、開発の所要時間とコスト、製造コスト、収益率をおおまかに推定して記入します。それを「ニーズに合っているか」「優れた価値を提供できるか」「目標とする売上数量、利益を達成できるか」という基準に照らし合わせます。この際に、コトラー教授は基準が厳しすぎる企業による見落とし（ドロップエラー）や逆に貧弱なアイディアを開発段階に容易に進めすぎるミス（ゴーエラー）に留意する必要があると述べています。

2-6 製品コンセプトの開発

アイディアが決定したら、次はコンセプトへと落とし込んでいきます。アイディアが「企業側の視点から商品を表現した形」であるのに対し、コンセプトは「顧客側からの視点も加え、アイディアを消費者の言葉で表現して磨き上げたもの」です。たとえば、「このセグメントを開拓したい」や「コストを下げたい」などがアイディアであり、「手軽に掃除ができる道具」や「体調を整えることができる飲み物」などがコンセプトです。

アイディアをコンセプトにしていく際には、一つのアイディアを分解していくことから始めます。その軸として、コトラー教授は「誰が製品を使うのか」「製品の主なベネフィットは何か」「製品を人々はいつ消費・使用するのか」といった質問を挙げています。

たとえば、「牛乳に溶かすことで栄養価が高い飲み物になる」という粉末食品のアイディアがあったとします。

①だれがこの製品を使うのか

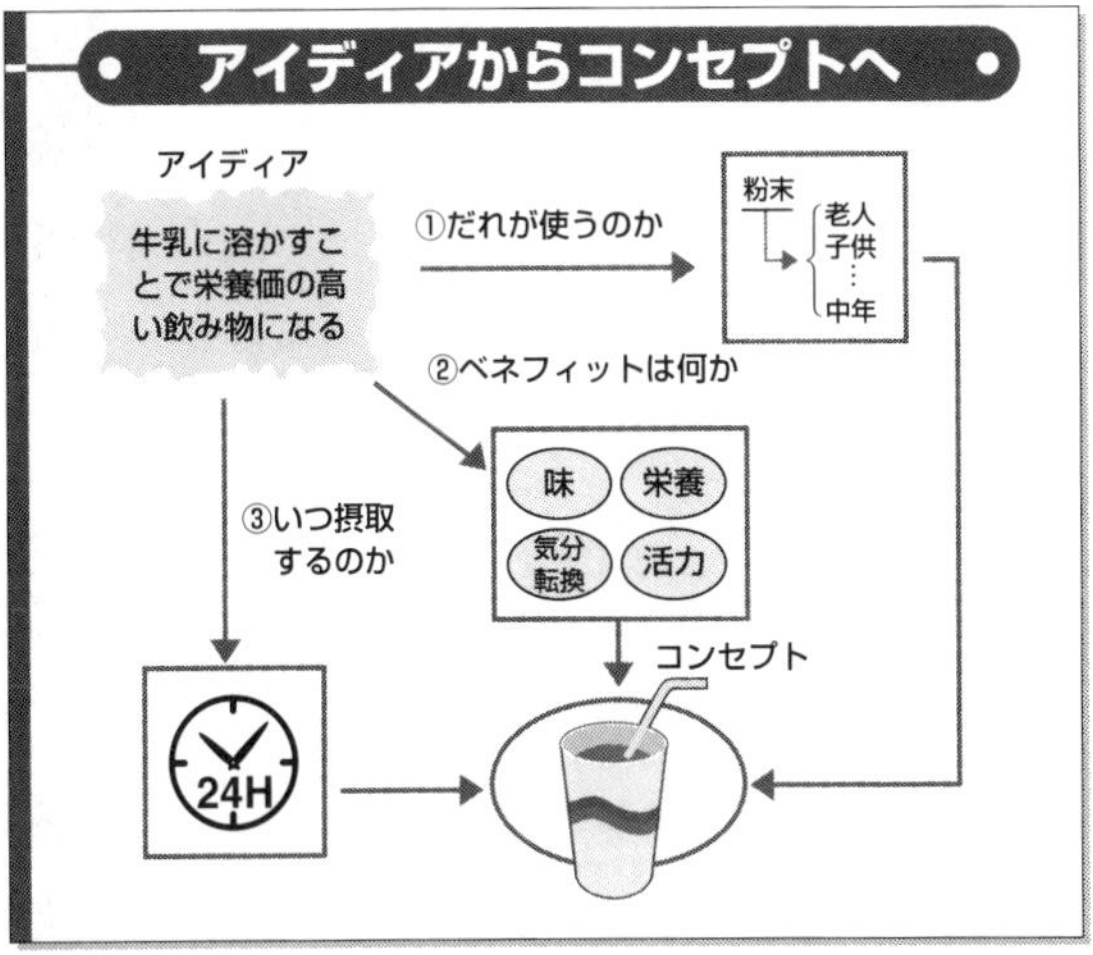

粉末ですから、幼児から、老人まであらゆるターゲットを狙うことができます

②この製品の主なベネフィットは何か

味、栄養、気分転換、活力など、様々なベネフィットが挙げられます。

③この製品をいつ摂取するのか

朝食時や昼食時、夕食時、といった時間区分のみならず、電車・オフィスなどの場所区分も考えられます。

企業はいくつかのコンセプトを作ります。たとえば、「栄養ある朝食を急いでとりたい大人向けのインスタント朝食飲料」や「高齢者が就寝前に飲むための栄養補助食品」などです。その中から有望なコンセプトを一つ選び、製品ポジショニングマップを作成します。

2-7 製品コンセプトのテスト

コンセプトが一つに定まった後は、ターゲット顧客に製品コンセプトを提示し、その反応を見るというテストを行います。その際、提示したコンセプトが、最終的な製品・経験に似ていれば似ているほど、テストの信頼性が増します。

プロトタイプをコンピュータで数多く設計してから、プラスチックの模型を作成し、潜在的消費者からの意見を聞くという方法もあります。また、バーチャル・リアリティを使ってコンセプト・テストを行う企業もあるようです。

テストを受けている消費者の行動次第では、なぜそうした行動をとったのかを消費者に直接たずねることもでき、画期的な手法と言えるでしょう。

今日では、「顧客主導のエンジニアリング」を用いて、消費者の選好を最終的な設計に盛り込む企業が多いようです。その際、以下のような質問をします。

①ベネフィットが明確で信用できますか

製品コンセプト・テストにおける質問

質問		評価項目
1	ベネフィットが明確であり、それを信用できますか？	伝達可能性 信用性
2	この製品はあなたの問題を解決し、ニーズを満たしてくれますか？	ニーズ水準
3	他の現行製品は、そのニーズを満たし、あなたを満足させていますか？	ギャップ水準
4	価値に見合った価格ですか？	知覚価値
5	この製品を買いますか？	購入意図

　コンセプトの伝達可能性と、信用性がわかります。

②この製品はあなたの問題を解決し、ニーズを満たしてくれますか

　顧客のニーズ水準を知ることができます。

③他の現行製品は、そのニーズを満たし、あなたを満足させていますか

　ギャップ水準がわかります。この水準が高いほど、消費者の関心は強いです。

④価値に見合った価格ですか

　消費者の知覚価値を把握します。知覚価値が高いほど、関心も高いです。

⑤この製品を買いますか

　ターゲットとする顧客層の購入意図を知ることができます。

第3章

商品開発プロセスⅡ

STPとマーケティングリサーチ戦略

3-1 本章で学ぶこと

本章では商品のコンセプトが決まった段階で、実際にどの市場へ、どのような優位性を構築して売り込むかというSTPについて考えます。

STPとはセグメンテーション、ターゲティング、ポジショニングの頭文字をとったものです。詳細に関しては実際にこの後の各項を読んで理解していただければ良いと思いますが、簡単に言って〝顧客を選定（セグメンテーション、ターゲティング）し、他者との差別化を図ること（ポジショニング）〟だと言えます。

顧客は様々な種類に分けることができます。たとえば、車の保持の有無による分類、年齢による区分、読書の趣向による分類など無限に考えることができます。その様々な区分により顧客を細かくし、その細かくした様々なタイプの顧客の中で、前章で考えたコンセプトの商品がターゲットとするべき顧客はどれなのかを決定するのです。

さらに、STPを行うためには企業をとりまく環境を把握しておく必要があります。そ

商品開発を行う際は、常にマーケティングのSTPを考えよう。

のために環境を分析するのです。環境の分析方法にも様々な方法がありますが、本書では最も基本であるＳＷＯＴ分析、３Ｃ分析について学習しましょう。ここまでが本章の前半部分です。

なお、ＳＴＰをする上で、狙おうとする市場はどの程度の規模なのか、またどのような趣向があるのか把握する必要があります。後半のマーケティングリサーチでは、新商品が狙う市場はどのような特長を持ち、規模はどのくらいかを把握することが目的です。

これらの基本的なステップを本章では見ていきます。

3-2 マーケティング環境分析① ～SWOT分析～

マーケティング環境分析では、「企業が現在置かれている状況と今後起こりうる環境変化」について分析を行います。その最も代表的な手法「SWOT分析」は、経営戦略策定時にも企業レベルでの経営環境分析として使用されますが、戦略的マーケティング戦略においては競争分析を中心として行われます。SWOT分析のプロセスでは、経営環境を内部環境と外部環境に区分します。縦軸に外部環境と内部環境(経営資源)をとり、さらに横軸に好影響と悪影響をとり、マトリックスを作り、自社の環境を客観的に分析します。

(1) 強み(Strength)…内部環境(自社経営資源)の強み
(2) 弱み(Weakness)…内部環境(自社経営資源)の弱み
(3) 機会(Opportunity)…外部環境(競合、顧客、マクロ環境など)からの機会
(4) 脅威(Threat)…外部環境(競合、顧客、マクロ環境など)からの脅威

これら4つを整理した上で、さらに左の図のようなマトリックスを描き、以下のような

ＳＷＯＴ分析

	好影響	悪影響
外部環境	機会（O）	脅威（T）
内部環境	強み（S）	弱み（W）

	機会（Opportunity）	脅威（Threat）
強　み (Strength)	(1)自社の強みで取り込むことができる事業機会は何か	(2)自社の強みで脅威を回避できないか？　他社には脅威でも自社の強みで事業機会にできないか
弱　み (Weakness)	(3)自社の弱みで事業機会を取りこぼさないためには何が必要か	(4)脅威と弱みが合わさって最悪の事態を招かないためには何が必要か

攻めと守りの戦略を具体化していきます。

①自社の強みで取り込むことができる事業機会は何か

②自社の強みで脅威を回避できないか。他社には脅威でも自社の強みで事業機会にできないか

③自社の弱みで事業機会を取りこぼさないためには何が必要か

④脅威と弱みが合わさって最悪の事態を招かないためには何が必要か

　このように、攻めの観点と守りの観点から環境を総合的に分析し、外部環境と内部環境との融合を図ります。それによって具体的戦略課題が明らかになるのです。

3-3 マーケティング環境分析②
～SWOT分析の事例その1～

A社は、売上高約2億円、従業員6名の地方広告代理店です。また、A社はG県を中心に地域に密着した広告を扱い、主要な顧客として、地元ホテル、旅館や温泉宿、地元の飲食店を持っており、雑誌広告を主軸とし、新聞広告、テレビ広告などを地元の媒体を通してサービスを提供しています。最近、インターネット上のバナー広告や電子メール広告などが出現していますが、A社に関してはIT技術への取り組みが遅れており、現在ネット広告の取り扱いは行っていません。

また、G県に関しては、全国人気ドラマの舞台となり、全国各地からの観光客がここ数カ月の間に倍増したほか、近年の若者からお年寄りまでの温泉ブームも影響しているものと思われます。

そのような中でA社は、G県内においては、昔からの土地勘があり、情報収集力も高いため、地元企業からの信用度も高くなっています。それらが影響し、少人数の割には、社

SWOT分析

	好影響	悪影響
外部環境	＜機会（O）＞ IT技術の発達 G県の観光客が倍増 温泉ブーム	＜脅威（T）＞ ネット広告の台頭
内部環境	＜強み（S）＞ 昔からの土地勘 情報収集力 地元企業からの信用 営業力の高さ 温泉宿におけるシェアの高さ 広範な広告メニュー	＜弱み（W）＞ IT技術への取り組みが遅れている 営業範囲が狭い ローカルな広告媒体のみを取り扱う

長を中心にG県内における営業力が高く、現在の人数では仕事が賄えないほどの注文が来ており、特に温泉宿の取扱い件数は県内一のレベルを誇っています。

しかし、現在の営業範囲は約150キロ範囲内に限定されており、また、顧客が中小企業を中心としているため、ローカルで安価なサービスを取り扱うこととなっています。

以上のような企業環境を踏まえ、今後、A社が進むべき方向づけを検討してください。

たとえば、以上の事例を想定して、強み・弱み・機会・脅威を分析し、それらを組み合わせたSWOT分析を行うとどうなるでしょうか？次項でその一例を示します。

3-4 マーケティング環境分析②
～SWOT分析の事例その2～

前項の事例問題について、次のような分析を行うことができます。

1．強みを機会に対して活かす

①強み⇓G県における強い営業力及び情報力、多様な広告媒体を保持
②機会⇓テレビドラマによるG県の注目度アップ、近年来の温泉ブーム
③今後進むべき方向⇓強みであるG県に関する情報力・広告媒体を活かし、全国的な旅行雑誌の発刊及び新聞広告の発行。

2．強みを脅威の克服に活かす

①強み⇓G県における強い営業力及び情報力
②脅威⇓ネット広告業
③今後A社が進むべき方向⇓強みである営業力を活かし、アウトソーシングによるネット広告の取扱いにより、新たな顧客獲得による市場拡大を図る

経営環境の整理

外部環境	マクロ環境		IT技術の発達
外部環境	ミクロ環境	顧客・市場	G県の観光客が倍増 温泉ブーム
外部環境	ミクロ環境	競合	ネット広告業の台頭
内部環境	自社		主要顧客は地元ホテル、旅館、飲食店 製品は雑誌広告を主軸＋新聞広告・テレビ広告 （ローカルな媒体を通じて） IT技術への取り組みが遅れている 昔からの土地勘がある 情報収集力が高い 地元企業からの信用がある 営業力は高い 温泉宿におけるシェアは県内一のレベル 営業範囲が狭い

3．弱みを機会に乗じて克服する

①弱み⇓G県を中心とするローカル範囲のみを扱う営業網、ローカルな広告媒体のみを取り扱う

②機会⇓G県の全国的なブーム、目覚ましいIT技術の発達

③今後A社が進むべき方向⇓G県ブームを活かした全国的な広告媒体の取扱い、また、ネット広告などの安価で質が高く、全国へPR可能な広告を取り扱うことで、ローカルな広告サービス業からの脱皮を図る。

この他にも強みを脅威の克服に活かす方法や弱みと脅威が重なり合わないように工夫する方法なども考えられます。

3-5 マーケティング環境分析④
～外部環境～ その1　マクロ環境

環境分析において考慮すべき要素は、さらに①外部環境と②内部環境に分けられ、さらに外部環境については、マクロ環境とミクロ環境に分解されます。

ここでは、まず外部環境におけるマクロ環境を見ていきます。以下にそれぞれの要因が企業にどのような影響を及ぼすかをまとめました。

①人口統計学的環境（例：少子高齢化）：少子高齢化の進展という環境変化が企業に及ぼす影響は、高齢者を対象としている介護事業にとっては、機会を与えることとなりますが、逆に子供を対象とした教育事業には脅威をもたらすこととなります。

②経済環境（例：円高）：円高が企業に及ぼす影響は、輸入企業にとっては、機会を得ることとなりますが、輸出企業にとっては、脅威をもたらすことになります。

③技術環境（例：インターネットの普及）：インターネット技術の影響は、ＩＴ化への対応に積極的な企業には様々な機会を生みましたが、旧態依然の企業がＩＴ化への投資を行

外部環境①　マクロ環境

①人口統計学的環境	少子高齢化の進展など
②経済環境	円高、失業など
③技術環境	技術革新など
④政治・法律環境	規制緩和、政権交代など
⑤社会・文化環境	共働き世帯の増加など

わずに、シェアが知らない間に減少していくという脅威をもたらしました。

④政治・法律環境（例：環境法）：様々な環境法が生まれると、ＩＳＯ１４００１などを取り扱う環境コンサルタントや、騒音測定・水質測定を行う企業やそれらの測定機メーカーなどにとって機会を得ることになります。しかし、今まで環境への対策をおろそかにしていた化学工場などは、測定機器や環境対策の設備の不足などから脅威となりえます。

⑤社会・文化環境（例：共働き夫婦の増加）：共働き夫婦の増加は、外食産業・コンビニエンスストアにとっては機会を得ることとなりますが、品揃えが少なく、営業時間も短い個人商店は脅威となりえます。

3-6 マーケティング環境分析⑤ ～外部環境～その2顧客

次に、外部環境のうちのミクロ環境を見ていきます。ミクロ環境は、①顧客、②競争業者、③供給業者、④中間媒介業者、などがあります。顧客の基本的属性及び消費者行動という視点から、分析します。

(1)基本的属性：顧客は企業によっては、一般消費者であったり、企業であったり、その他各種団体であったりします。なかでも、一般消費者においては多種多様です。そこで、様々な特性を持つ消費者を、同質なものにセグメント化し、セグメント化した様々な市場のうちの、どの市場が当該企業にとって、大きな影響を及ぼしうるかを考える必要があります。具体的な消費者のセグメント基準として、①地理的基準（エリア、人口密度、気候）、②人口統計学的基準（年齢、性別、家族構成、職業）、③心理学的基準（社会階層、ライフスタイル、性格）、④行動基準（購買状況、使用頻度、使用者状態、ロイヤルティ）、⑤ベネフィット基準（経済性、品質、サービス）などが考えられます。

外部環境② 顧客

消費者の購入プロセス

① 「何かが足りない」という問題の認識
② その問題を解決する商品の探索
③ 探索した商品の評価
④ 購売品の決定
⑤ 購売後の感情

(2)消費者行動分析：次に、消費者行動分析として、顧客が商品やサービスを購買するプロセスから顧客分析を行います。具体的に購買プロセスをみていくと、まず、消費者は商品やサービスを購買する前に、今何かが足りないと問題を認識することから始まります（第一段階）。次に、その問題を解決する商品を探索することになります（第二段階）。そして、探索した商品の中から、どの商品が良いか評価を行います（第三段階）。評価することで購買品を決定し（第四段階）、最後に購買後の感情を持つこととなります（第五段階）。以上の五段階のうち、当該企業に影響を及ぼしている顧客がどの段階であるかを分析する必要があります。

3-7 マーケティング環境分析⑥
～外部環境～その3 競合・供給業者・媒介業者分析

次に、ミクロ環境における競争業者・供給業者・中間媒介業者について、検討します。

①競争業者

競争業者とは、市場を奪い合う相手のことであり、必ずしも顕在する相手だけではありません。マイケル・E・ポーター教授によれば、企業の競争上の地位を決めるのは、業界内の競合他社・新規参入業者・代替品・売り手（供給業者）・買い手（ユーザー）の5つが挙げられます（「競争要因モデル」）。買い手は顧客、売り手は供給業者の交渉力の大小により自社の獲得利益に影響を与えます。残り3つの競争業者は、以下のとおりです。

（1）競合他社：同じ地域や業界で直接的に敵対する関係の業者

（2）新規参入業者（潜在的参入業者）：同じ地域や業界への新規に参入する恐れのある業者

（3）代替品取り扱い業者：代替的な製品を取扱う業者とは、実際に以前から存在する

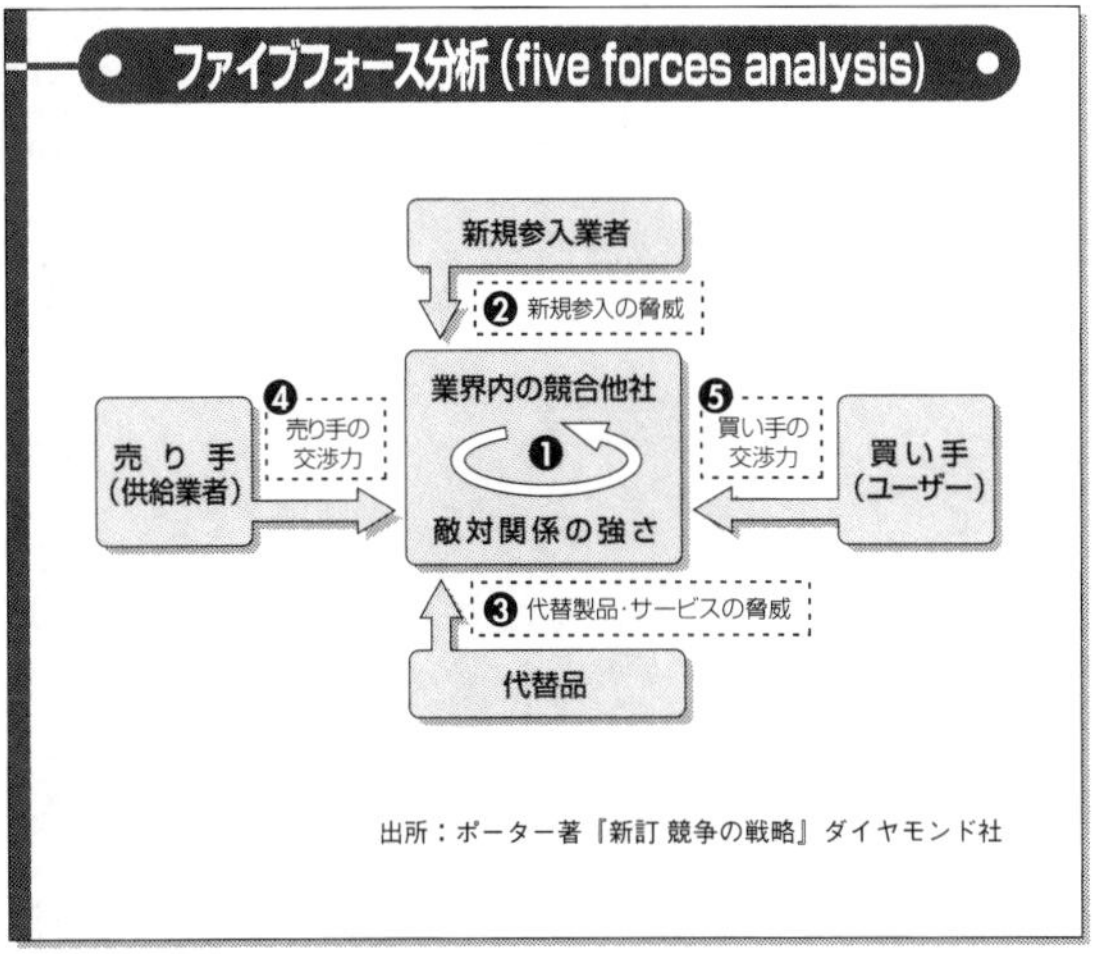

出所：ポーター著『新訂 競争の戦略』ダイヤモンド社

企業であるが、取り扱う製品は同一なものではなく、競争業者とは考えていない目に見えない潜在的な競争業者。

以上のような5つの競争要因を詳細に分析しなければなりません。

②供給業者・中間媒介業者

供給業者とは、原材料や製品を供給する業者、すなわち、小売業者においては、卸売業者が供給業者で、卸売業者にとっては、製造業者が、それにあたります。

また、中間媒介業者とは、製造業者⇓1次卸売業者⇓2次卸売業者⇓小売業者というチャネルにおいて、製造業者・小売業者から見た卸売業者がそれにあたります。

3-8 マーケティング環境分析⑦ ～内部環境（自社）～

内部環境分析では、事業機会の探索を行う上で、その企業が所有する経営資源の強みと弱みは何かを明確にします。分析の視点としては、①技術力、②生産能力、③市場シェア、④人材・組織、⑤財務力、⑥購買力、⑦販売力などが、考えられます。これらの視点を基に、どのように企業内において強みとなるかを以下に具体的に記述します。

①技術力：他社にない生産技術や商品開発力があることは大きな強みとなります。

②生産能力：他社より短期間で大量の製品が生産できる、あるいは他社に比べ、ローコスト・少人数で同じものを生産する技術・設備があることは、企業の強みとなります。

③市場シェア：他社より大きな市場を確保していることは、規模の経済という観点から見ても、またリスク分散の観点から見ても、強みになるといえます。

④人材・組織：優秀な人材を多く雇用している企業、また団結力のある組織体制を維持している企業もそのことが強みとなります。

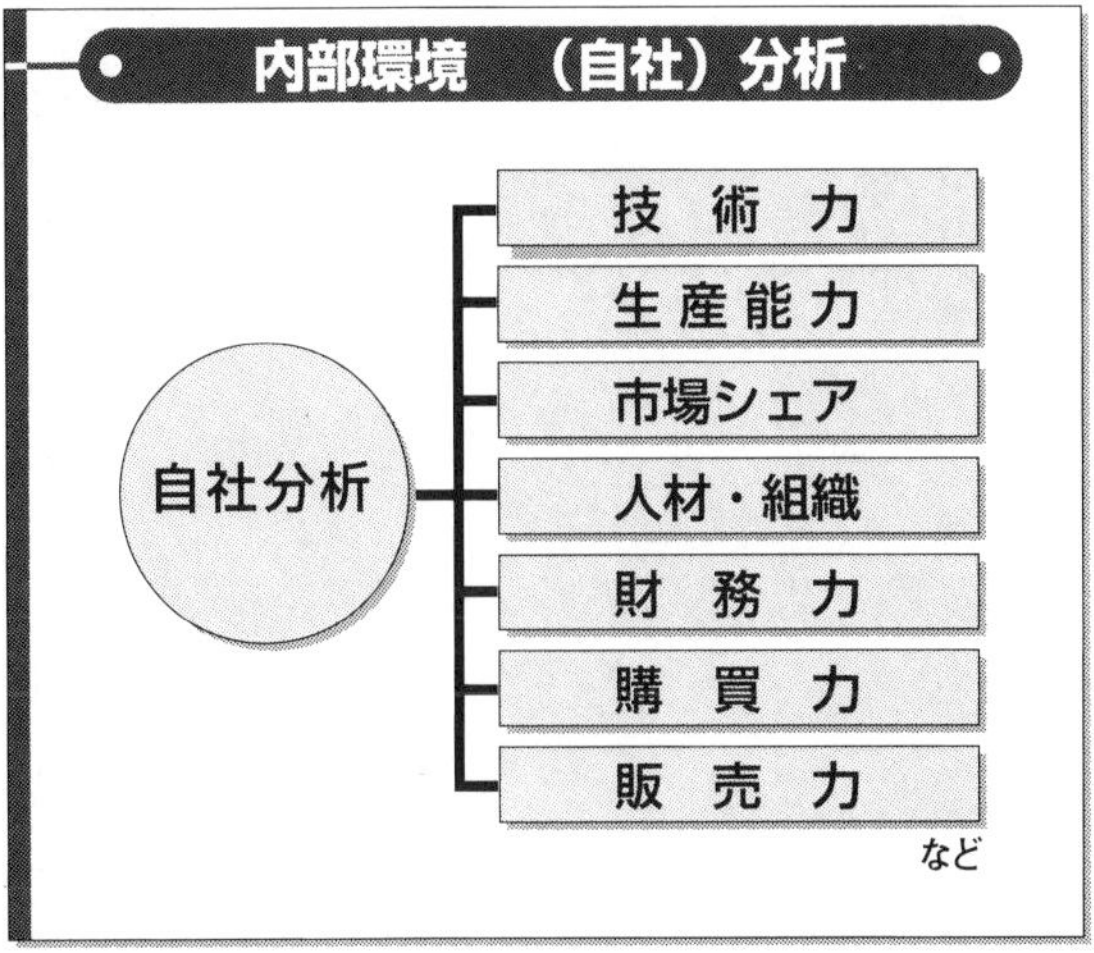

⑤**財務力**：財務基盤がしっかりしている企業、資金に余裕のある企業は、もちろんその資金が、大きな強みとなります。

⑥**購買力**：良い供給業者を選定する能力があり、他社より安いコスト・短納期でものを購買できる力を持つ企業は、それ自体が他社より強みがあることとなります。

⑦**販売力**：マーケティング能力や販売力が優れている企業は、そのまま売上への影響に直接響き、大きな強みをもたらします。

以上のように内部環境分析の「強み」という点から、それぞれの要素を見てきましたが、逆にここで掲げた「強み」の要素を持っていない企業は、「強み」が欠落していることがそのまま「弱み」へとつながります。

3-9 STP①～セグメンテーション～

セグメンテーションとは、市場を一定の基準に従って、同質と考えられる小集団に細分化することです。では、市場の細分化をどのような基準で行うのが適正なのでしょうか。セグメンテーションを行う上では、当然その基準の設定、つまり市場を細分化する際の軸の設定が非常に重要となります。

市場細分化を行う基準は固定していませんが、以下のような属性を適宜選択または組み合わせて用いることができます。

①地理的変数：国・県・市などのエリア、都市規模、人口密度、気候など地理的な基準で市場を細分化します。

②人口統計的変数：年齢、性別、家族数、家族ライフサイクル、所得、職業、学歴、宗教、人種、国籍などの基準が挙げられます。測定しやすいことから、最も一般的な変数であると言えます。

巻末資料③「セグメンテーションの軸」で実践！

セグメンテーションとは

年齢＼所得	300万円以下	301万円～500万円	501万円～700万円	701万円～900万円	901万円～1000万円	1000万円以上
10代						
20代						
30代						
40代						
50代						
60代						セグメント
70代						

③心理的変数：年齢が同じなど人口統計的には同一の集団に属する人であっても、社会階層、ライフスタイル（生活様式）、性格などの心理的変数によると、異なる集団に属する場合があります。

④行動的変数：製品に対する知識、態度、使用状況、反応などに関する変数です。具体的には、追求便益、使用者状態、使用頻度、ロイヤルティ、購買準備段階、製品への態度などが挙げられます。

このように、セグメンテーションの軸は、市場規模、自社の強み、製品のライフサイクル、参入障壁、競合他社の戦略などを考慮した上で、自社に最も魅力的なセグメントを標的市場として選ぶための基準となるものです。

3-10 STP②〜ターゲティング〜

セグメンテーションによって、市場を一定の基準に基づいて小集団に分割した後、「ターゲティング」を実施する必要があります。ターゲティングとは、細分化された市場セグメントに対し、その魅力度を評価し、一つないし複数のセグメントを選定することです。

ターゲティングは、各セグメントの魅力度の評価と、セグメントの選定という二段階で行います。まず、セグメントを評価するにあたり、セグメントの規模、成長性、収益性、そして自社の目標・資源について検討します。

セグメントの「規模」と「成長性」では、そのセグメントが、自社にとって適正な規模があるかについて考えます。また将来的な成長性は見込めるかどうかについて検討します。

セグメントの「構造的魅力度（収益性）」では、そのセグメントが、収益的に魅力があるかどうかを検討します。短期的な視点だけでなく、長期的な視点から検討することも必要です。そして、自社の目標と資源では、そのセグメントが自社の目標に合致しているのか

巻末資料④「ターティング・ポジショニング」で実践！

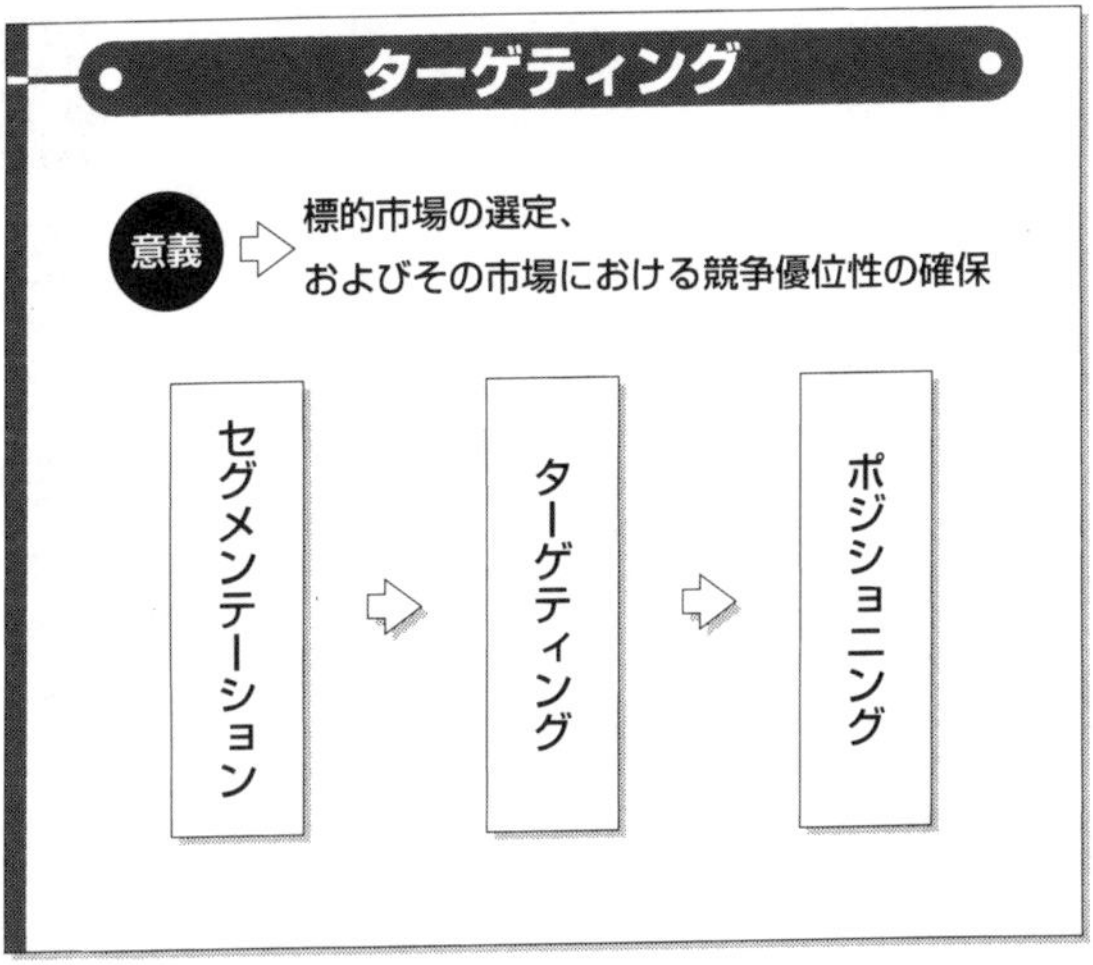

を検討する必要があります。また実行するのに必要な資源やスキルが自社にあるかどうかを確認しなければなりません。

一方、企業の収益性に関しては、企業を取り巻く競争環境とも密接に関わっています。前述したように、ポーター教授は、その力には、「5つの力（ファイブフォース）」として、①業界内の競合他社の脅威、②売り手の交渉力、③買い手の交渉力、④新規参入の脅威、⑤代替品の脅威について指摘をしています。それらからの圧力により、販売価格が引き下げられたり、またはコストが引き上げられ、利益が目減りしていきます。そのようなセグメントの構造上の競争環境も考慮に入れ、収益性を考えていく必要があります。

3-11 STP③ ～ポジショニング～

ポジショニングは、選定された各ターゲットセグメントに対し、コンセプトを明確化し、選定したコンセプトを消費者へ伝達することを意味します。具体的には、ある製品、サービス、社員、イメージについて他社にはない何らかの差別優位性を図ります。

1. 製品の差別化

①機能特性…製品の基本機能に付け加えられる諸機能、②成果…製品の本体的機能が働く程度、③品質・性能のばらつき具合、④耐久性、⑤信頼性、⑥修理のしやすさ、⑦スタイル、⑧デザインなど

2. サービスの差別化

①デリバリー、②設置、③顧客訓練、④コンサルティング・サービス、⑤修理、など

3. 社員の差別化

①能力（知識とスキル）、②丁寧さ、③信頼感・安心感、④反応の素早さ、⑤コミュニケー

巻末資料④「ターティング・ポジショニング」で実践！

ポジショニングマップ

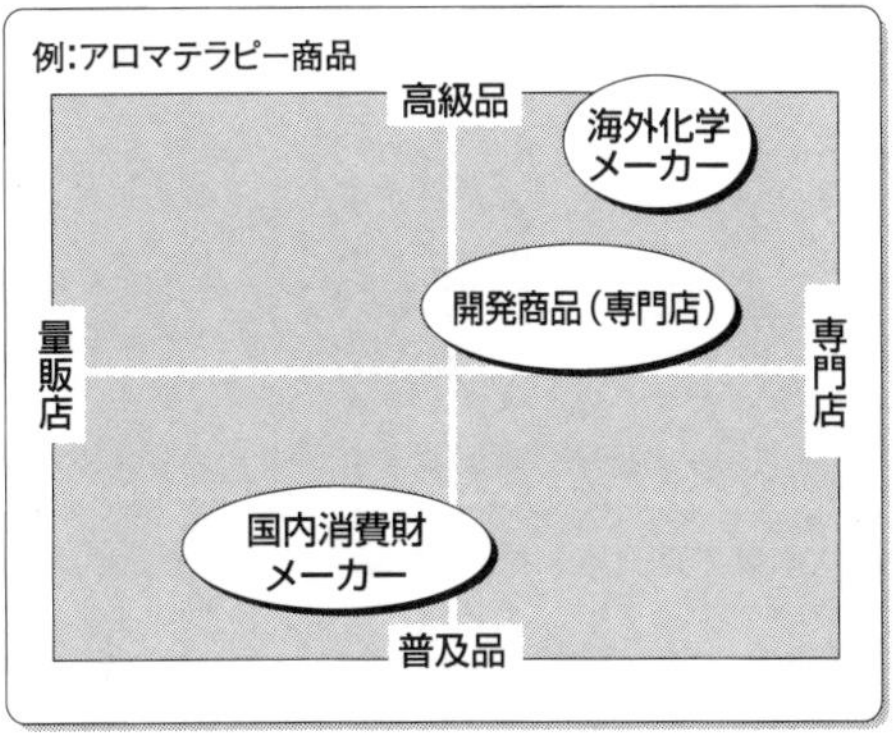

ション力

4. イメージの差別化

①シンボル、②活字メディアやAVメディア、
③建物や建物空間、④イベントなど

　また、このような差別化を明確にするための方法のひとつに、ポジショニングマップがあります。これは、競合に対して「どこで」差別化を行うのかという要素を2つ以上挙げ、マトリックス上の縦軸と横軸に設定します。そして競合に対して自社がどの位置づけで、差別化を図っていくのかを明確にします。ポジショニングの軸の決定では、自社の強みが低コストなのか、それとも高いブランドイメージなのかといったことを見極めた後に、これらの軸の最適な組み合わせを選定します。

3-12 マーケティング・リサーチの役割

ＳＷＯＴ分析をはじめとする環境分析を通して、必要なニーズと可能性を正確に把握する必要があります。マーケティング・リサーチはその現実的な市場について理解する最も直接的で重要な手段でありますが、市場の声を聞いたり、実態を把握したりという、このシンプルなプロセスを踏まずに商品開発や事業計画の数字を出している会社も多く存在します。逆に言いますと、マーケティング活動上必要不可欠なこのマーケティング・リサーチを「いかに地道に、しっかりとできるか」によって、競争優位を獲得できるか否かが決定すると言っても過言ではないでしょう。

マーケティング・リサーチでは、人口統計・経済・自然・技術・政治・文化などのマクロ環境、そして、自社・競合相手・顧客・協力者などのミクロ環境それぞれを含んだデータを、マーケティング・リサーチの手順に従い、モレなくダブりなく（MECE：Mutually Exclusive Collectively Exhaustive）収集し、分析する必要があります。

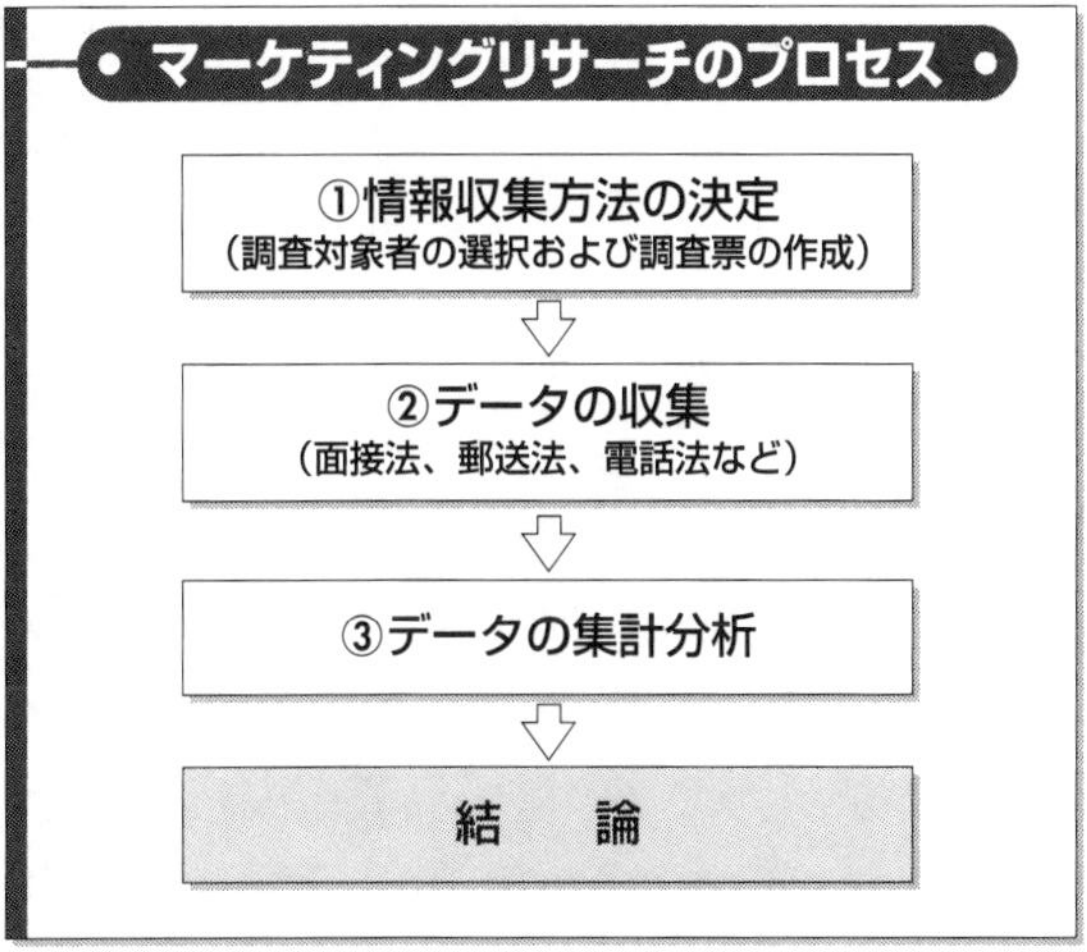

また、マーケティング・リサーチは、常に客観的な科学の諸原理にしたがって実施されること、収集されたデータの秘密の保護および個人のプライバシーに関する国内および国際法規を遵守すること、という大原則があります。

このような前提の下、マーケティングの計画を策定し、実行するための判断材料を必要なタイミングで必要な量を収集することで、企業と生活者・顧客をつなぐのです。

またマーケティング・リサーチのプロセスは、①情報収集方法の決定（調査対象者の選択及び調査票作成）、②データの収集（面接法、郵送法、電話法など）、③データの集計分析、④結論の導出、という順序になります。

3-13 マーケティングにおける調査方法①

1．データの収集方法

対象者からデータを収集する調査方式も、目的や意図によって各種方法があり、それぞれメリットとデメリットを持っています。代表的なものには、⑴調査員が直接面接して質問し回答を書き取る「面接法」、⑵電話で行う「電話法」、⑶調査票を郵送し回答済み票を返送してもらう「郵送法」、⑷記入済み調査票を後で回収する「留置法」、⑸座談会方式で5～8人の出席者からヒアリングをする「集団面接法（グループインタビュー）」などがあり、その他にも今ではファックスやインターネットを利用する方法も見られます。

一方、いずれの方法にしても、必ずデータの誤差が生じます。１００％正しい調査データは収集が困難であるケースが多いです。その誤差の発生源はどのようなものでしょうか。

①調査企画…企画自体が適当ではないケース（意味のないデータ）

②対象者選定…代表性のない人たちを選んでデータをとるケース

データの収集方法

①面接法	調査員が直接面接して質問し、回答を聞きとる
②電話法	電話で質問し、回答を書き取る
③郵送法	調査票を郵送し、回答済票を返送してもらう
④留置法	記入済調査票を後で回収する
⑤集団面接法（グループインタビュー）	座談会方式で出席者5～8人からヒアリングする

③調査票回収…留守や拒否等によりデータが欠落するケース

④質問回答…面接（データ収集）内容が信頼できないケース

⑤点検集計…個票データのチェックが不十分、集計ミスが起きるケース

調査プロセスで発生し得る5つのステップの中で、質問回答のところで発生するものが「回答誤差」になります。この回答誤差の原因として考えられるのは、「設問自体があいまいで、主観的な基準に頼ってしまう場合（たとえば、「好き」「嫌い」「少し好き」「少し嫌い」など）」と、そもそも設問に対し「本当のことを答えない場合（たとえば年収など）」が考えられます。

3-14 マーケティングにおける調査方法②

2. 面接法と郵送法の比較

代表的な面接法と郵送法ですが、それぞれの特徴により、好ましいケースと好ましくないケースを使い分けることができます。

まず、対象者が地域的に分散している場合、面接では交通費が高くつくため、郵送法が適しています。また、面接法は調査員の能力に左右されるため、経験の浅い新人調査員を使う場合は調査員誤差を含まない郵送法のほうが優れている場合があります。

一方、郵送法を採用するには時間的に余裕がなければならないため、時間がないときは面接法が優れていると言えます。また、調査票の質問量が多いと回収率が落ち、複雑だと回答誤りや記入もれが多くなるなど、特に大量もしくは複雑な質問に対するデータを収集する必要がある場合も、面接法が適していると言えます。

この他にも、回答誤差の点で、郵送法は他の家族が記入するとか回答態度がいい加減に

面接法と郵送法の比較

郵送法が適しているケース

- ●対象者が地域的に分散している場合（面接では、交通費が高くつく）
- ●経験の浅い新人調査員を使う場合、調査員誤差を含まない郵送法のほうが優れている

面接法が適しているケース

- ●時間がないとき（郵送法を採用するには時間的に余裕がなければならない）
- ●大量もしくは複雑な質問に対するデータを収集する必要がある場合（調査票の質問量が多いと郵送法では回収率が落ち、複雑だと回答誤りや記入もれが多くなる）

なりやすい反面、対象者が時間をかけて慎重かつ丁寧な回答をしてくれるケースも考えられるなど、その目的と調査内容によって使い分ける必要があります。

なお、電話法は面接法や郵送法に比べて、現地で世帯を探したり調査票の発送回収をしたりする手間が省け、それが実査期間の短縮や費用の節約にもつながり、即時性が大切なテーマなどにも適しています。一方、質問の量をあまり多くすると途中で切られたり、こみ入った質問をしづらい、回答カードを見せられないなど、比較的簡単な調査内容に活用される場合が多くなっています。

マーケティングにおけるデータ分析

1. 多変量解析法

代表的な解析手法である多変量解析法は、文字どおり多くの変数（変量）を総括的に取り扱う分析手法の一つです。この手法はさらに①変数を総合化する方法と、②変数間の距離を測る方法に分かれて、利用目的によって使い分けられています

①変数を総合化する手法（因子分析、主成分分析）

3つ以上の製品属性評価（変数）の軸を合成し、2次元または3次元に圧縮することでマッピング化することができます。上の2つの手法では総合化された新しい変数をそれぞれ因子、主成分と呼んでいます。

②変数間の距離を測る方法（重回帰分析、判別分析）

同じ一つのブランドでも消費者により属性評価が異なるため、購入意向も異なる結果を得ることができます。この場合、属性評価を説明変数（複数）、購入意向を目的変数（1

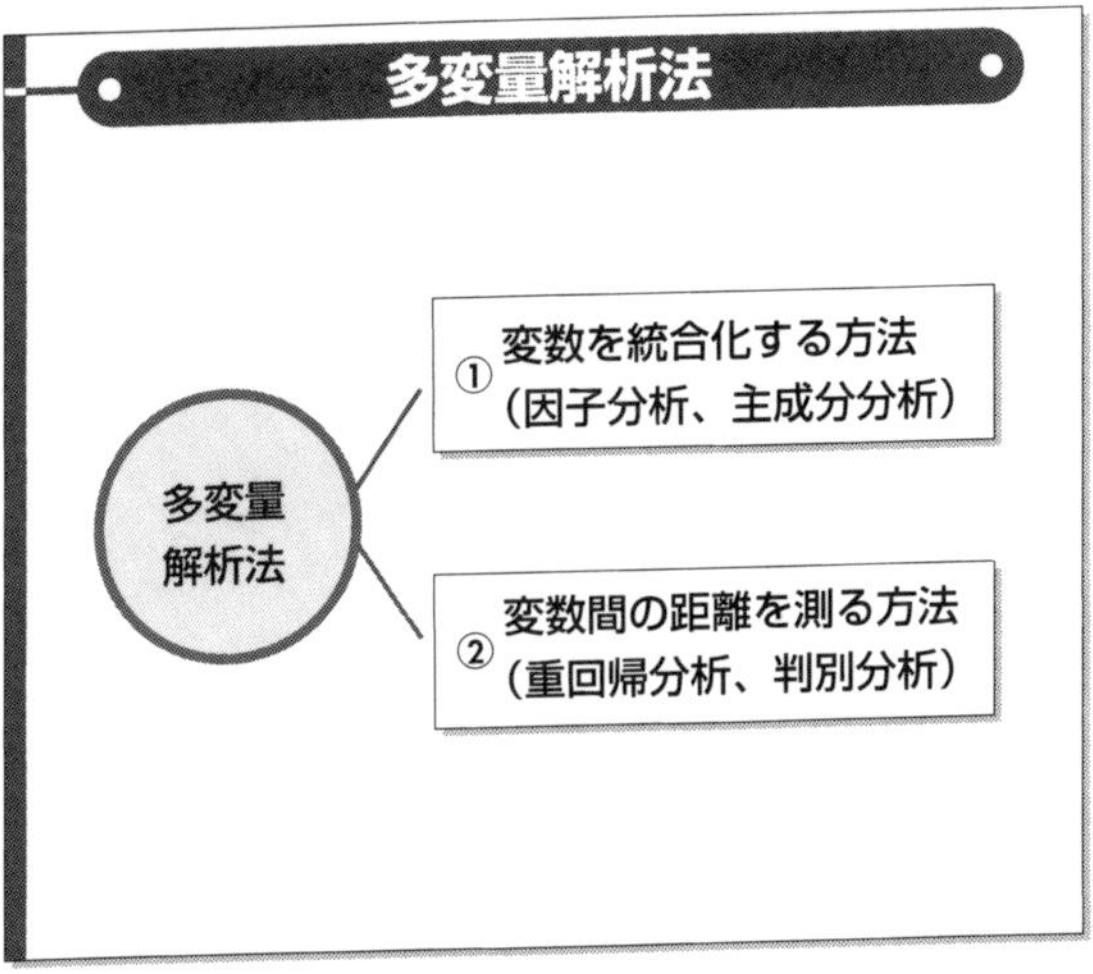

個）として、前者を総合化することによって後者を推測しようとします。つまり、ある人の属性評価からその人の購入意向の度合いを知ろうとするわけで、これが重回帰分析です。目的変数が購入・非購入の2カテゴリーのときは、分析結果から買うか買わないかがわかればいいので、これは判別分析となります。

以上、何トピックかにわたって、マーケティングのためのデータを採集する方法について議論してきました。顧客の動きは膨大でかつ独立ですので、正確なデータの採取は難しくなってくるのです。

第4章

商品開発プロセスⅢ

価格設定

4-1 本章で学ぶこと

標的市場の規模と特徴、さらに開発する製品のコンセプトが決まった次の段階では、製品の価格を設定します。そして、この価格設定の段階こそが本書で特に力を入れて強く述べたい部分でもあります。理由は「軽視」されている反面、その政策ひとつで商品全体の将来性を崩してしまうこともある重大な意思決定であるからです。

しかし、実際の商品開発の中で価格をマネージすることが十分に重視されているとは言い難い現状です。かなり良いアイディアから産まれた製品に多くのプロモーション費用を投じ、最もコストのかからない流通経路を用いた製品が価格で失敗することはよくあります。価格が高すぎて市場に受け入れられなかったり、逆に安すぎて多くの欠品（機会損失）を出してしまったりすることなどは珍しいことではありません。

そこで、本書では特に軽視されがちな価格設定について一般的な理論を学習し、その決め方を詳しく学んでいきたいと思います。

価格は商品の将来性を大きく左右するので、その決定は様々な要素を加味して行うべきである。

まず、価格設定のプロセスについて学習します。特に重要なのが、需要を決定するプロセスと価格設定方法を選択するプロセスですので、その点に関しては理論を中心に学習できるようにしました。

価格設定のプロセスを総じて学習していただきたいことは、「価格は企業の都合だけでなく、顧客の都合からも考える必要がある」ということです。当たり前と思われるかもしれませんが、それが実行できていない企業がほとんどです。たとえば、価格をコスト＋X％で決めている企業、リーダーの直感や社内のアンケートなどから価格を決めている企業、これらに少しでも思いあたる節がある人には必読の章と言えるでしょう。

4-2 製品と価格の関係性

価格は、「商品の対価」というだけでなく、製品のポジショニングにおいても主要な要素です。顧客は、商品の価値を知る目安として、価格を考えます。ですから、商品戦略の一つとして、価格は特に重要な要素なのです。製品と価格について、コトラー教授は品質戦略と9つの価格の関係を次ページの表で示しています。

9つの戦略のうち、製品品質と価格がそれぞれ高、中、低で対応している「プレミアム戦略」「中価格戦略」「エコノミー戦略」は、品質に応じた価格戦略です。品質が低ければ、価格は安くなりますし、品質がよければ価格は高くなります。

ポイントは、この正比例の関係ではない戦略です。製品品質に対して、価格を低くつける「高価格戦略」「スーパーバリュー戦略」「グッドバリュー戦略」は、安くてもいいものを消費者に提供するというスタンスです。企業がこの戦略で継続をしていけるのならば、競合他社との大きな差別化になるでしょう。

価格と製品品質による戦略マトリクス

製品品質＼価格	高	中	低
高	1.プレミアム戦略	2.高価値戦略	3.スーパーバリュー戦略
中	4.オーバーチャージング戦略	5.中価値戦略	6.グッドバリュー戦略
低	7.ぼろ儲け戦略	8.偽の経済性戦略	9.エコノミー戦略

一方、品質に対して価格を高くつけるのが、「オーバーチャージング戦略」「ぼろ儲け戦略」「偽の経済性戦略」です。こうした戦略をとり、もし顧客が品質の割りに価格が高いことに気づくと、「ぼられた」と感じ、悪い噂が広がってしまうことがあります。

4-3 価格設定プロセス

実際に価格を設定するプロセスについて知っておきましょう。

①価格設定目的の選択

まず、価格を設定することでどのような目標を達成したいのかを明確にします。目的によって異なるアプローチが必要になります。

②需要の決定

続いて、商品の需要を決定します。過去の関連情報や消費者の購買モデルを作成し、シミュレーションなどを行い、できるかぎり正確に予想することが求められます。

③コストの見積もり

続いて、商品化に要するコストを見積もります。コストは今後これより価格が下回ってはいけないという一つの目安になります。実際の開発プロセスや販売計画、それにかかる経費などから考えればよいでしょう。

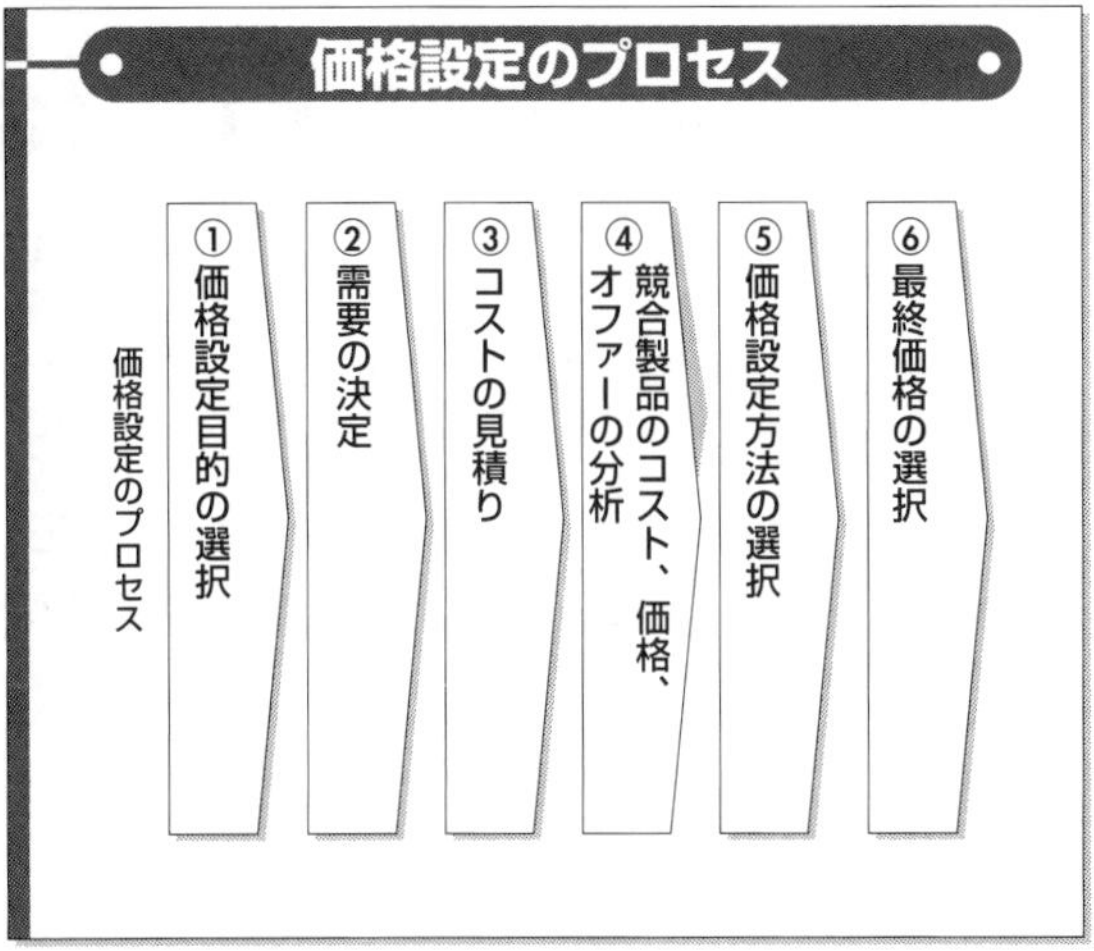

④競合製品のコスト、価格、オファーの分析

競合の動きも知っておく必要があります。消費者が商品を購入するときは、競合製品の価格を参考にすることが多いからです。

⑤価格設定方法の選択

価格の設定方法は一通りではありません。自社の都合を優先するのではなく、顧客の考えも価格設定に取り込む方法が有効です。

⑥最終価格の選択

これまで決定した判断をもとに最終価格を決めます。最後の微調整です。この段階では主に消費者の心理的要素を考えます。ちょっとした価格の違いで大きく売上が異なってくる場合があるからです。

4-4 価格設定目的①

新製品に対して価格を設定することについて学習していますが、その目的は企業とその企業が置かれた状態によって大きく異なってきます。

本項と次項では、新製品を出す際に企業が価格設定で狙う目的を考えましょう。新製品を出す際の価格設定目的は、次の5つであるとコトラー教授は述べています。

①企業の生存

設備過剰、激しい競争、消費者ニーズの変化に悩んでいる企業が、市場における生き残りを目的として、価格を設定するというものです。利益は二の次で、価格が変動費と一部の固定費をカバーする程度まで極力低くします。そうすることで、企業は倒産を免れるのです。これは短期的な目的としてはふさわしいですが、長期的な目的とするのは難しいでしょう。長く続けることは不可能です。

②最大市場シェア

巻末資料⑤「価格設定のためのプロセスフォーム I」で実践！

価格設定の目的と具体策

	企業の目的	具体策
企業の生存	・キャッシュフローがなく倒産しそうなため、企業を存続させるに十分な戦略を行うためのキャッシュが欲しい。	・キャッシュを入れることが目的なので、変動費と固定費の一部を回収できる程度の価格を設定し、利益を期待しない。
最大市場シェア	・市場におけるシェアを獲得し、競合に対して優位性を持つ。業界／市場のリーダー企業になりたい。	・消費者は価格に敏感という仮定のもと、市場における最低価格を設定する。
最大経営利益	・投資効率を最大化させたい。その結果、自社にできる限り多くのキャッシュをインしたい。	・需要やコスト、複雑なシミュレーションを行い、利益が最大化される価格を設定する。
最大上澄み吸収	・上澄み部分にターゲットを集中し、短期間で効率的に利益を得たい。また。オピニオンリーダーを自社に囲みたい。	・高価格で販売する。ただし、いくつかの条件を市場が満たさない場合には失敗に終わる可能性もある。
製品品質のリーダーシップ	・新製品の販売に伴って、知名度を高めたい。また、多くの顧客を一度に多く囲みたい。	・高品質の製品をプレミア価格で販売する。

市場におけるシェア獲得のために、価格を設定します。この場合、消費者の価格への認識だけでなく、競合他社の価格にも影響を受けるでしょう。最大市場シェアを狙う企業は、「市場浸透価格設定」という手段をとります。市場が価格に敏感であるという前提のもと、最低価格を設定するという戦略です。ただし、この方法が有効なのは、以下の3つの条件が揃っている場合と考えられているため、注意が必要です。

1．市場が価格に非常に敏感で、低価格によって市場の成長が促される
2．生産を重ねるにつれて、生産コストと流通コストが下がる
3．低価格が競合他社をけん制する

4-5 価格設定目的②

価格設定を行う残りの3つの目的について考えます。

③最大経常利益

利益を最大化するような価格設定を行います。この場合、企業の事情を考慮して、価格を設定します。複数の価格候補の需要やコストを見積もり、経常利益、キャッシュフロー、投資収益率を最大化するような価格を選択します。しかし、企業の事情を最優先してしまうことから、競合他社の反応や価格以外のマーケティングミックスの変化を無視してしまい、長期的な利益を逃すというリスクもあります。また、実際に正確な需要やコストを見積もることが困難であるという問題もあり、その場合には効果は得にくいようです。

④最大上澄み吸収

一般的な価格よりも高めの価格を設定することで、市場の上澄みだけを吸収して、効率的に利益を得ようとします。ただ、価格によって上澄み吸収を行いたければ、以下の条件

巻末資料⑤「価格設定のためのプロセスフォーム1」で実践！

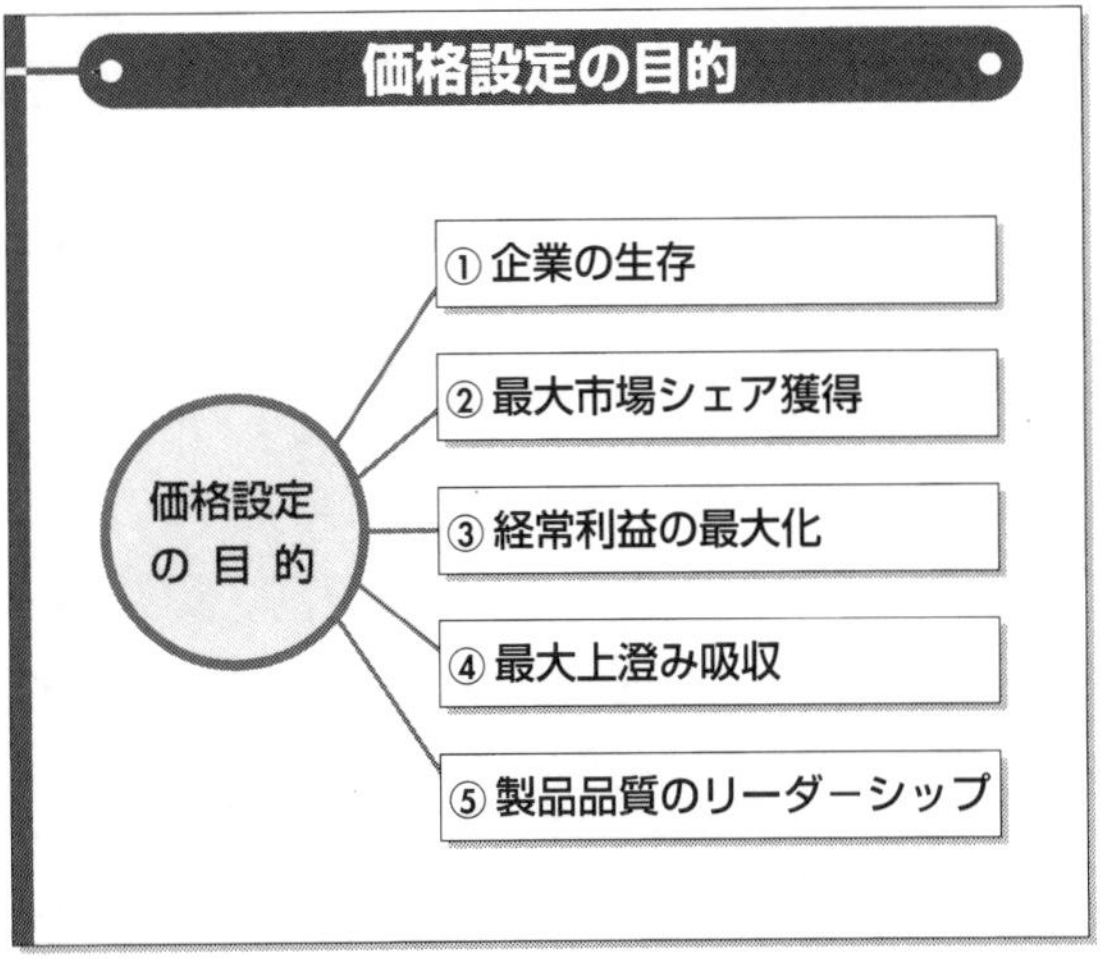

に当てはまっていることが肝要になります。

1．十分な数の買い手が、現時点において高い需要を有している
2．少量生産の単位コストがそれほど高くなく、大量生産の利点を得られない
3．当初の高価格につられて、競合他社が市場に参入してこない
4．高価格が優れた商品というイメージを伝達する

⑤製品品質のリーダーシップ

高品質の製品を、プレミアム価格で販売することで、製品―品質のリーダーになることを目的としています。ブランド戦略において、自社の知名度を上昇させるために有効な戦略であるといえます。

4-6 顧客—需要に基づいた価格設定①
～価格設定における経済価値の効果～

顧客の視点から価格を捉えてみると、商品の価格というのは、商品の「価値」そのものです。しかし、価格設定においては「価値」を十分に定義できないという理由から、価値に基づいた価格設定をしないことがあります。これは、「〝価値〟という観点から、価格をより適正なものにできた」という大きな機会損失を生んでいると言えます。そこで、ここでは、「商品の価値」という顧客の視点から、価格設定を考えていきたいと思います。

トーマス・T・ネイゲルとリード・K・ホールデンによれば、価値を反映した価格を策定するうえで、重視しなければいけない「価値」とは、エコノミストが「交換価値」とか「顧客に対する経済価値」と呼んでいるものだと言います。つまり、顧客は商品の「価値」を、市場にある代替品を基準にして決定するのです。

そして、製品の「経済価値」とは、〝顧客にとって最も優れた代替品の価格（参考価値）に、その代替品と比べて差別化されている点の価値（差別化価値）を加減したものであ

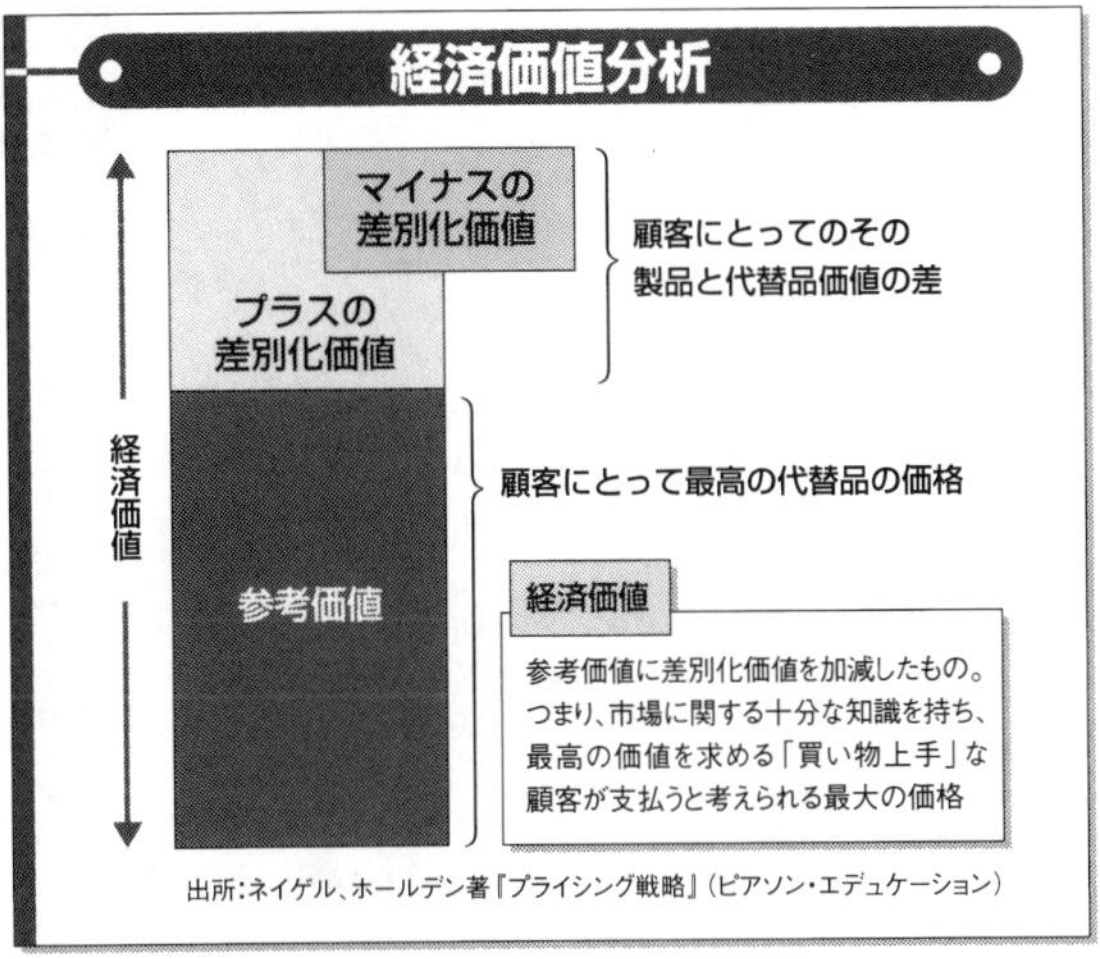

出所：ネイゲル、ホールデン著『プライシング戦略』（ピアソン・エデュケーション）

る〟と規定しています。さらに、差別化価値にはプラスとマイナスの要素があると考えられています。

経済価値は、市場に関する十分な知識があり、最高の価値を求める「買い物上手」な顧客が支払うと考えられる最大の価格です。この「経済価値」を算定することで、市場における製品の価値を的確に価格に反映させることができると考えたのです。

4-7 顧客ー需要に基づいた価格設定②
～経済価値の見積もりと手順～

それでは、経済価値をどのように見積もっていけば良いのでしょうか。顧客にとっての製品の経済価値は、参考価値と製品自体の差別化価値の合計でした。参考価値は最も優れた代替品の価格で、差別化価値は代替品とは異なる製品属性に対する価値のことです。差別化価値は、購入者の直感次第でプラスにもマイナスにもなります。

ここでは、農業などで使われるパイプAという製品を例に挙げて、価値を算定していきます。パイプAは故障率が1～3％と丈夫です。代替品は、パイプBで5～7ドルで売られ、故障率は7～8％です。参考価値は、代替品の価格である6.5ドルです。

次に、差別化価値を算定します。故障率の低さから、パイプBのように頻繁に交換する必要がないため、「交換用パイプに要するコストの削減」として、100フィートあたり0.31～0.39ドルの差別化価値があります。このように客観的計算で差別化価値を計算していきます（交換コストや作物の損害額の削減など）。

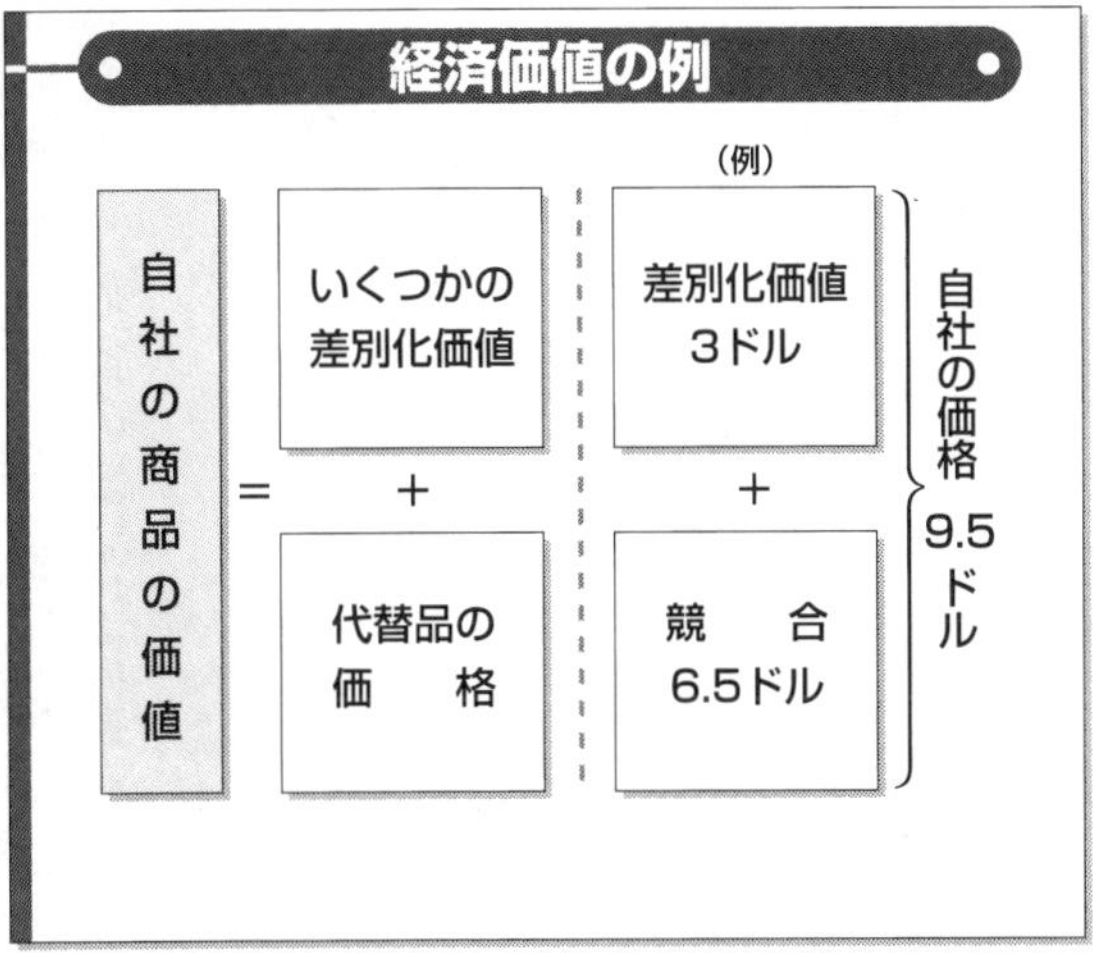

これらをすべて足した差別価格の合計がパイプAの経済価値になります。

ただ、ここで注意しておきたいのは、購入者によって認識された価値ではないということです。購入者は製品に対する知識がないことから、差別化価値などは無効で、価格のみで判断するかもしれないということです。そこで次に述べる参照価格効果を知ることが重要になります。

4-8 顧客ー需要に基づいた価格設定③

～価値の認識に影響を与える要素～その1参照価格効果

顧客の支払い意思に影響を与え、購入者が購買意思決定時に価格と価値の差異に敏感になる9つの「効果」があります。

まず、第一の要素として「参照価格効果」があります。参照価格効果とは、既知の代替品の価格に対して、新製品の価格が高いときに、購入者が価格に敏感になることです。ここでのキーワードは「認識度」です。たとえば、不慣れな観光地でレストランに入る場合、良い店を知らないために、高くても目立つところにある店を選んでしまいます。

この参照価格効果をうまく利用した戦略を紹介していきます。チャネルや陳列や製品のイメージを変えることで、さらにより大きな効果が期待できます。

① 高価格の製品を参照している顧客をターゲットにし、効果的にマーケティングを行うことで、ブランドに高い価値をもたせる

高価格の洗剤であっても、ドライクリーニングの代替として、「ドライクリーニングよ

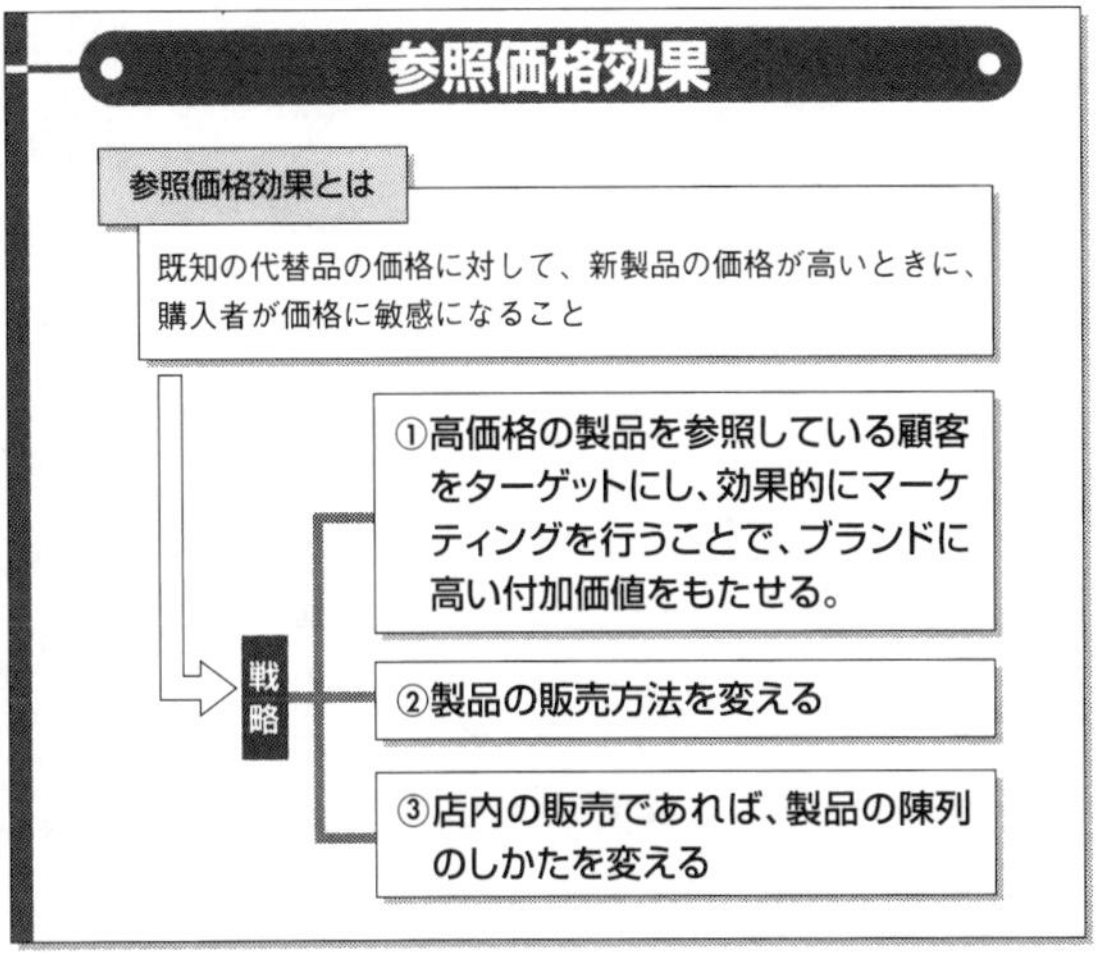
参照価格効果
参照価格効果とは
既知の代替品の価格に対して、新製品の価格が高いときに、購入者が価格に敏感になること
戦略
①高価格の製品を参照している顧客をターゲットにし、効果的にマーケティングを行うことで、ブランドに高い付加価値をもたせる。
②製品の販売方法を変える
③店内の販売であれば、製品の陳列のしかたを変える

りも安い代替品」のポジショニングを得られれば、ターゲットにアピールできます。

②製品の販売方法を変える

インターネット経由で販売した場合、価格が簡単に比較できるため、消費者は価格に敏感になります。一方、カタログでは競合他社の製品情報を入手することが困難なので、参照価格効果の影響が少なくなります。

③製品の陳列の仕方を変える

ノーブランド品とブランド品が簡単に比較できるように陳列された場合、低価格のノーブランドの売上が伸び、ブランド品の売上は低下します。そのため、ブランド品の価格を維持したい場合、陳列する場所や店の嗜好に合わせて陳列することが重要です。

4-9 顧客―需要に基づいた価格設定④
～価値の認識に影響を与える要素～その2比較困難性効果

参照価格効果の逆で、新製品と代替品との比較が困難な場合に、消費者が価格に鈍感になることを「比較困難性効果」といいます。新製品が、既存製品とどのように違うのかを比較できず、消費者は、「粗悪品であるかもしれないリスク」よりも、「値段が高くても自分が信用している従来の商品」を選んでしまうのです。このように、比較困難性効果は、製品やサービスの評価が難しく、失敗したときのリスクが高いときに顕著に表れます。

比較困難性効果を克服する方法は、主に以下が挙げられます。ポイントは消費者が持つ「知らないことの不安」をうまく取り除いてあげる、あるいは「失敗してもよいという消費者の商品の重要性」を低くすることを指します。

①より本質的な違いがあると顧客に思わせるように、目に見える違いを最小化すること

たとえば、有名ブランド品の形、大きさ、パッケージの色を模倣し、「有名ブランド品と比較してみてください」といったメッセージをつけることで、外見の違いを最小化し、

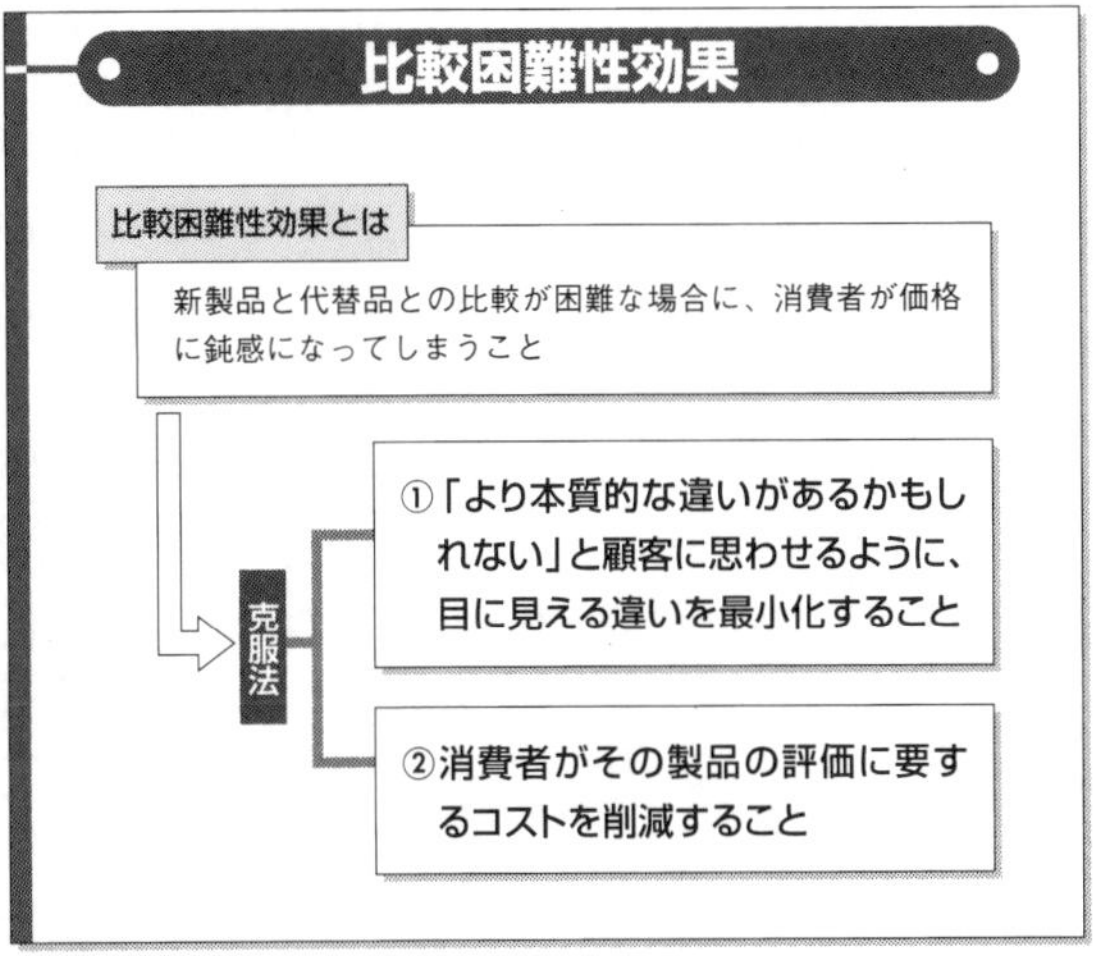
比較困難性効果
比較困難性効果とは
新製品と代替品との比較が困難な場合に、消費者が価格に鈍感になってしまうこと
克服法
①「より本質的な違いがあるかもしれない」と顧客に思わせるように、目に見える違いを最小化すること
②消費者がその製品の評価に要するコストを削減すること

比較可能な状態にすることができます。

② 消費者がその製品の評価に要するコストを削減すること

クーポン、無料サンプル、返金補償といった方法を取り入れることで、消費者が新製品を試すコストを減らすことができます。たとえば、「商品にご不満があれば、○日以内なら全額返金します」とすれば、消費者は「もし粗悪品でも、返金してもらえるのだから、買ってみよう」と、商品購入に踏み出すハードルを低くすることができるのです。また、返金補償を謳うことは、企業が製品に対して自信を持っていることを示すことができ、消費者の不信感を軽減させる効果も持たせることができます。

4-10 顧客－需要に基づいた価格設定⑤

～価値の認識に影響を与える要素～その3スイッチング・コスト効果

スイッチング・コストとは、一言で言うと「仕入れ先を変えるコスト」のことです。このコスト（金銭以外も含む）が大きければ、消費者は製品の価格に鈍感になります。

たとえば、飲食店を経営するAさんが、いつも新鮮な国内産牛肉を肉屋Bから仕入れていたとします。ある日、国内産牛肉の高騰から、肉屋Bは国内産牛肉の値段を2倍に吊り上げてきました。外国産牛肉であれば、従来の国内産牛肉とほぼ変わらない値段で購入できるのですが、外国産牛肉を用いるとなると、これまでの調理のプロセスを大幅に変えなければならず、莫大なコストがかかります。それは、国産牛肉を2倍の値段で購入するよりも高い金額です。そこで、Aさんにとって、国産牛肉を外国産牛肉に変えることのコスト（スイッチング・コスト）は、調理プロセスの変更にかかるコストと等しくなり、2倍の値段を払って国産牛肉を買うのです。これがスイッチング・コスト効果です。

このようなスイッチング・コスト効果に打ち勝つポイントは、「期待価格を低下させるこ

スイッチング・コスト効果

スイッチング・コスト効果とは

仕入先を変えるときに生じるコスト（金銭以外も含む）が大きいほど、消費者は製品価格に鈍感になること

戦略のコツ

期待価格を低下させることなく、新規顧客に絞って値引きを行うこと

（例）無料トレーニング、初回割引など

となく、新規顧客に絞って値引きを行うこと」です。既存顧客は、すでに製品を買ってくれているため、値引きの対象ではありません。もし顧客全員に対して、製品の値下げをしてしまうと、既存顧客が抱く期待価値が下がってしまい、以前の価格では買ってもらえなくなってしまいます。

　そこで、新規顧客が代替製品から自社製品に乗り換えやすいように、彼らをターゲットにした値引きを行います。具体的には、無料トレーニングや、長期契約における初回割引といったように、ターゲットを新規顧客のみに絞り、彼らのスイッチング・コストにおける障壁の一部を肩代わりすることが効果的です。

4-11 顧客―需要に基づいた価格設定⑥
～価値の認識に影響を与える要素～その4価格―品質効果

価格は、一般的には「売り手に払わなければならない金額」としての意味しか持ちません。しかし、商品によっては、価格が単なる金額以上の意味を持っていることがあります。ネイゲルとホールデンは、価格が金額以上の意味を持つ商品は、「高ければ高いほど品質も良い」という価格―品質効果の影響を受けており、価格感度が鈍感になっていると言います。そして、そのような商品は、以下の3つに分類して説明することができます。

①イメージ製品

高級ブランド商品が典型的な例です。こうした製品を買う場合、費用対効果に優れた商品として高い金額を払うのではありません。自分にはこうした製品を買うだけの余裕があることを示すことを目的とした、ステイタス・シンボルという役割を果たしているのです。

②排他的製品

飛行機のファーストクラスや新幹線のグリーン車など、高価格が人々に買う気をなくさ

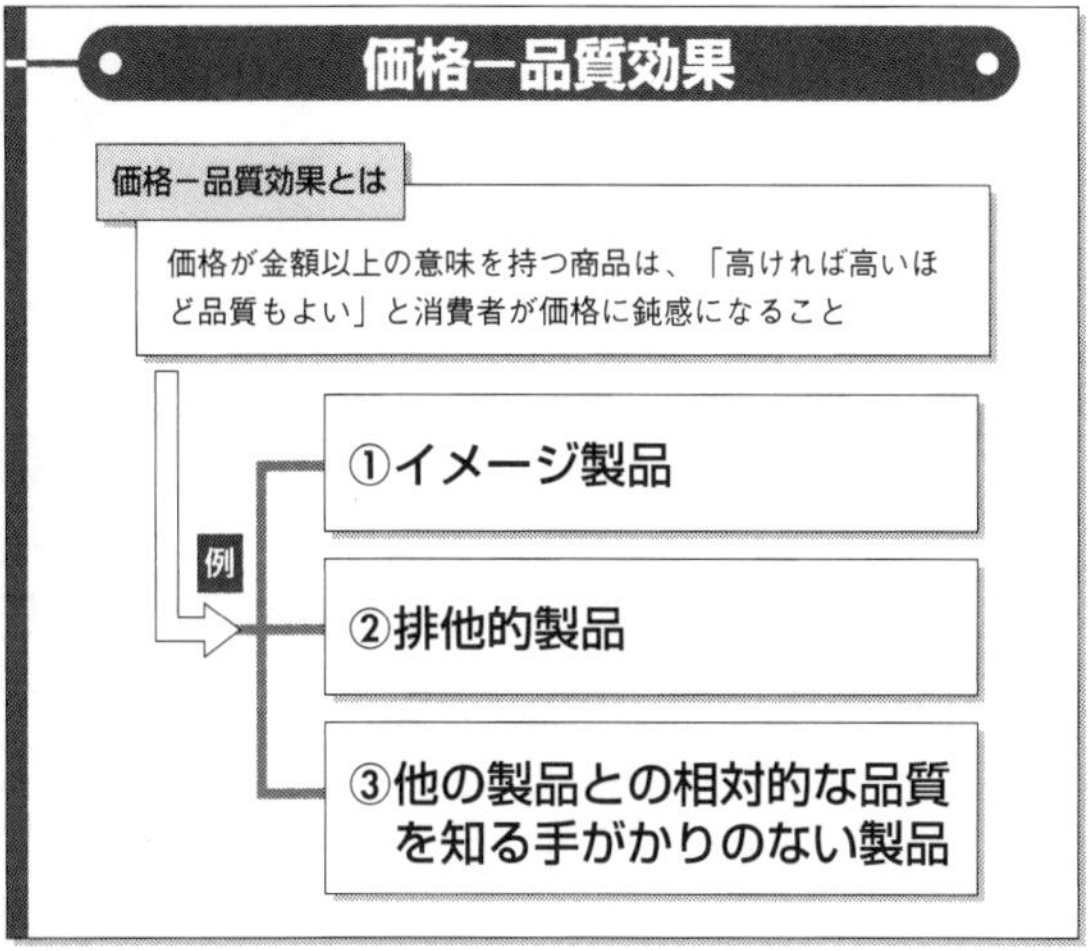
価格―品質効果
価格―品質効果とは
価格が金額以上の意味を持つ商品は、「高ければ高いほど品質もよい」と消費者が価格に鈍感になること
例
①イメージ製品
②排他的製品
③他の製品との相対的な品質を知る手がかりのない製品

せる排他性を持っている製品です。こうした製品を購入する人たちは、高価格を支払うことで、小さな子供などが隣に座る可能性を減らすことができるのです。このように、高価格による排他性自体にも価値があります。

③ 他の製品との相対的な品質を知る手がかりのない製品

「高価格であれば高品質」という認識が価格感度を低下させることがあります。それは製品の品質を知るための手がかりがないときに起こります。不慣れな場所にあるレストランがよい例です。このような場合、消費者は品質を判断する指標として、価格を参考にすることがあります。

4-12 顧客ー需要に基づいた価格設定⑦
～価値の認識に影響を与える要素～その5出費効果

消費者が製品の価値の評価にどれだけ積極的になるかどうかは、出費額にも影響を受けます。出費額というのは、可処分所得に対する費用の割合です。この出費が大きいほど、消費者が価格に対して敏感になることを「出費効果」と言います。

小額の買い物には、値段が割高なコンビニエンスストアを利用する一方、電化製品の買い物には慎重で、少しでも安い店を探そうとする、といった行動も、出費効果によって説明することができます。

また、収入の大小による違いもあります。たとえば、10人の子供を抱える家庭では、相対的に食費にかける金額が大きくなってしまいますが、収入が大きければ割合は小さくなるので、価格感度も低くなります。加えて、収入の大小によって、使える時間に大小があることも価格感度に影響する要素の一つです。たとえば、高収入の消費者は買い物に使う時間が常にあるとは限らないため、時間が節約できるなら、多少高くても商品を買います。

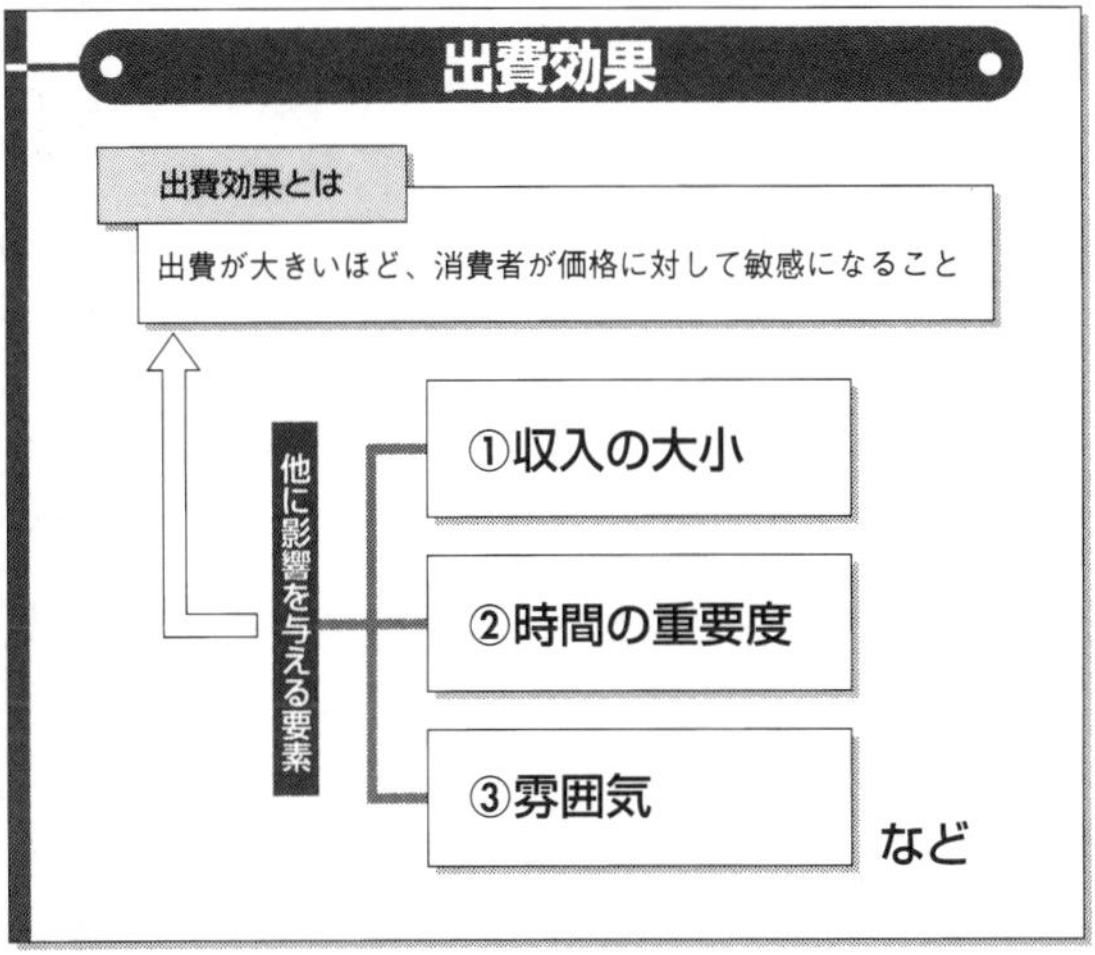
出費効果
出費効果とは
出費が大きいほど、消費者が価格に対して敏感になること
他に影響を与える要素
①収入の大小
②時間の重要度
③雰囲気
など

一方、低収入の消費者は相対的に買い物に使える時間が多いため、いろいろな店を回って時間をかけ、安い商品を手にすることができます。このように、時間と節約がトレードオフの関係になっており、収入や時間の有無が、価格に対する認識に影響を与えているのです。

こうした出費効果に目をつけて、時間がないが高収入の消費者に向けて、気軽に寄れる駅前やオフィス街に、割高のスーパーマーケットやレストランを出店したり、安いものを買いに行く時間がある低収入の消費者に向けて、郊外にディスカウントのスーパーマーケットを出店するなど、立地などの面にも活かすことができます。

4-13 顧客－需要に基づいた価格設定⑧
～価値の認識に影響を与える要素～その6最終便益効果

最終便益効果とは、製品によって得られる最終的な便益（満足度など）と、製品に対する価格感度の関係のことです。さらに、最終便益効果は、「派生要求」と「価格割合」という2つの関係によって説明することができます。

①派生要求

ビジネスでよく見られるもので、最終的な便益に対する価格感度と、そのために必要な製品に対する価格感度との関係です。最終的なコストに対して敏感になればなるほど、個々の購入に対しても神経質になります。たとえば、ファーストフードの牛丼屋に来る消費者が、価格感度に敏感であるとすれば、牛肉の仕入れ価格の上昇は、売り上げの大幅な減少を引き起こすでしょう。ですから、消費者の価格感度が高いと、牛丼屋は牛丼のコスト、つまり牛肉の価格に対して敏感になるのです。

②価格割合

最終便益効果

最終便益効果とは

製品によって得られる最終的な便益（満足度）と、製品に対する価格感度の関係

派生要求

最終的な便益に対する価格感度と、そのために必要な製品に対する価格感度との関係

（例）消費者がソフトクリームの価格に敏感ならば、ソフトクリーム屋が牛乳の価格にも敏感になる

価格割合

最終的な総コストに占める一製品の価格の割合

（例）ホームシアターセットを購入する際、価格の低いスピーカーよりも価格の高いアンプに敏感になる

最終的にかかる総コストに占める、一製品の価格の割合のことです。たとえば、牛丼を作るための総コストに占める、米の（仕入れ）価格の割合が10％程度だとしたら、米の値段が2倍になっても、全体のコストは5％程度しか上昇しません。このように、総コストに占める一製品の価格の割合が低ければ低いほど、価格の違いに神経質ではなくなるのです。これを価格割合と呼び、ビジネスにおいてこうした効果が見られます。

また、顧客が自社のブランドにどのような最終便益効果を抱いているかを知ることはプロモーションにも活かすことができます。顧客が重視する最終便益に訴求することで、製品の価値を増長させることができるのです。

4-14 顧客ー需要に基づいた価格設定⑨
～価値の認識に影響を与える要素～その7コスト分担効果

価格感度には、支払う金額の分担も影響を与えます。消費者は、全額負担することもあれば、他者と分担して支払う場合もあります。たとえば、会社は出勤・出張にかかる交通費や接待費の一部あるいは全額を負担します。また、保険も医療サービスにかかるコストの一部を負担しています。授業料のかかる私立大学に進学する学生も、奨学金や親類が授業料のすべてあるいは一部を補償することを前提としています。このような場合、自分で負担する額が小さくなるほど、価格感度が鈍くなります。こうした、支払いの一部あるいは全額を他者が負担することが、価格感度に影響を与える効果のことを「コスト分担効果」と言います。

この効果を狙って、顧客の価格感度を低下させるマーケティング戦略を立てることができます。航空会社やホテルは、頻繁に利用してくれる企業の顧客を囲い込むため、割引より価値がある特典を、顧客ではなく、その企業に対して提供しています。企業に対して特

コスト分担効果

コスト分担効果とは

支払いの一部、あるいは全部を他社が負担することが、価格感度に影響を与える効果のこと

目的

頻繁に利用してくれる企業の顧客の囲い込み

典を提供することで、また従業員である顧客に航空会社やホテルを利用してもらおうという方法です。また、ビジネス・スクールの価格には、MBAプログラムのほかに、高級な施設と海外旅行のコストが含まれています。それは、この手のスクールのコストを通常は雇用主がまかなっているためです。

このように、コスト分担効果は、他の消費者や組織と価格を分担しているため、価格に鈍感になります。このコスト分担効果は、時にモラル・ハザードを生むこともあります。たとえば、会社の経費で接待費を賄う場合、出費に対する感度が低くなり、過剰にお金を使ってしまいます。消費者のこうした心理を知ることは、会社にとっても必要です。

4-15 顧客―需要に基づいた価格設定⑩

～価値の認識に影響を与える要素～その8公正価格効果

消費者は、自分が公正あるいは妥当と考えられる価格を超えると、製品の価格に対して神経質になることがあります。こうした効果のことを、「公正価格効果」と言います。

価格が公正であるか否かが判断されるのは、状況によっても異なることが明らかになっています。ビーチにいて、ビールを飲みたくて仕方ないというような状況を想定し、被験者に対して質問をするという有名な実験結果からも、この効果をうかがい知れます。

価格がそれほど高くなければ、友人が近くまで歩いてビールを買ってきてくれると言った場合、最大いくら払うかを尋ねました。ただし、被験者の半数には、友人が「リゾートホテル」へ買いに行くと伝え、もう半数には「小さくて古い食料品店」へ買いに行くという前提を加えました。すると、ホテルで買ってきてもらう場合の平均値は2.65ドルで、食料品店の1.5ドルをはるかに上回る結果が得られたのです。このように、状況によって消費者が感じる公正価格というのは異なるのです。

公正価格効果

公正価格効果とは

自分が公正あるいは妥当と考える価格を超えると、製品の価格に対して神経質になること

その他の影響

- 価格が前の生活を維持するために支払われるものなのか、生活をよりよくするためのものなのか
- 商品の性質
- ブランド価格

　また、価格が以前の生活を維持するために支払われるものなのか、生活をよりよくするためのものかによって、公正価格は異なります。生活を維持するために最低限必要な身の回り品がべらぼうに高ければ、生活水準の質が下がることになり、価格は公正ではないと感じるでしょう。これは、人々が石油というコモディティに対し、価格が敏感になり、公正価格が厳格になることを象徴しています。

　反対に、贅沢品と呼ばれる、生活をよりよくするための商品（ブランド品など）に対しては、価格感度が鈍感になります。

　この公正価格効果からも、ブランド認知が企業の利益に与える影響の大きさがわかります。

4-16 顧客ー需要に基づいた価格設定⑪
〜価値の認識に影響を与える要素〜その9フレーミング効果

これまではプロスペクト理論（人は損得を考えて購入する）と呼ばれる、研究の流れで生じた効果です。これから説明するフレーミング効果とは「損得」よりも「損失」に対して人が抱く感情を説明するものです。

フレーミング効果とは、消費者が「利得」を得られないことよりも、「損失」を避ける傾向、および全体の一部として支払うよりも別々に支払うことに神経質になることです。

次のようなケースで考えましょう。以下のタクシー会社2社について、ドライバーのスキルなど他の条件が同じである場合、あなたはどちらのタクシーに乗りますか？

●タクシーA：2キロあたり660円。現金支払いなら、2キロにつき100円割り引き
●タクシーB：2キロあたり550円。クレジットカード支払いでは、2キロにつき100円の手数料がかかる

どちらのタクシーに乗っても、乗車にかかる経済費用は同じです。しかし、多くの人が

フレーミング効果

フレーミング効果とは

消費者が「利得」を得られないことよりも、「損失」を被ることを避ける傾向であり、全体の一部として支払うよりも、別々に支払うことに神経質であること。

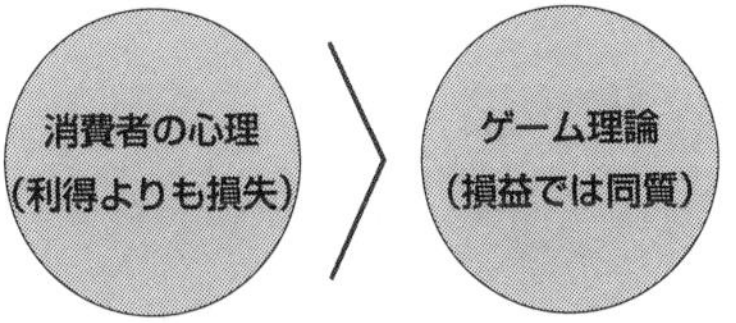

タクシー会社Aのほうが魅力的だと答えるでしょう。なぜなら、割引のあるタクシー会社Aを使うほうが、割増のあるB社よりも心理的な不快感が小さいからです。

　このように、人は取引において「利得」よりも「損失」に重きを置く傾向があり、わずかな条件の設定の違いだけで、同じ経済費用であっても与える印象が違うことがあります。フレーミング効果に注意すれば、消費者の心理的ロスを最小限に抑えることができます。

　ゲーム理論などでは、「合理的な人間は期待値によって判断を下す」と言われることが多いのですが、実際はそうした期待値計算よりも、心理的な要因によって価格の認識に影響を与えているケースが多いのです。

4-17 需要と需要弾力性の見積もり

これまでは、価格の設定が顧客の心理に与える影響を勉強してきました。では、これだけを理解すれば需要を見積もることができるのでしょうか？さらに、見積もるのは需要だけで良いのでしょうか？　そんなことはありません。需要の具体的な見積もり方を知る必要がありますし、需要だけではなく需要弾力性を知る必要があります。

◆需要の見積もり方

通常、需要と価格は反比例傾向を示します。価格と需要の関係を示したものを需要曲線と言います。需要曲線の見積もりには3つのアプローチがあると言われています。

①過去の価格と販売量から統計的に求める方法です。ただし、正しい購買モデルを作り、適切な統計手法を用いるには専門的スキルが必要となります。

②価格実験を行います。製品の価格を変えてみて、売上げへの影響を調査します。

③顧客へのアンケートです。買い手に何種類かの価格を提示し、それぞれの価格で商品を

巻末資料⑥「価格設定のためのプロセスフォームII」で実践！

需要弾力性

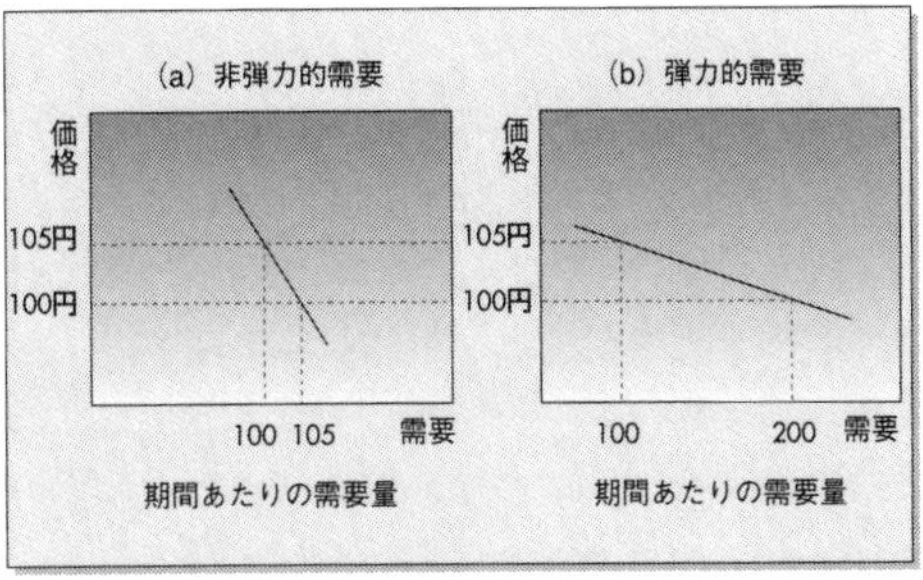

出所：P・コトラー著『マーケティング・マネジメント（ミレニアム版）』（ピアソン・エデュケーション）

いくつ購入するかを答えてもらう方法です。

◆需要弾力性

需要を見積もる際に需要弾力性をも同時に加味する必要があります。需要弾力性とは、1円価格を上げると（下げると）需要がどのくらい変化するかという指標です。

上の図で（a）のケースでは5円引き下げると需要が100→105に増加しますが、（b）のケースでは同じ価格の引き下げで需要が100→200になります。顧客が価格に非常に敏感である証拠です。

この際に同時に考えるポイントとして、長期的な弾力性を見るか短期的か、上昇（下落）の幅に応じたインパクトの違い、地域による格差などが挙げられます。

4-18 価格と価値分析戦略策定のフレームワーク①
～価格認識による顧客セグメンテーション～

これまでに学習した価格感度に影響を与える要素を、「差別化された属性に対して認識される価値」と、「価格に対する認識」に分割します。

前チャプターまででご紹介した「効果」のうち、「価値の認識」に影響を与えるのは参照価格効果、比較困難性効果、最終便益効果、スイッチング・コスト効果、価格―品質効果、です。また、出費効果、コスト分担効果、公正価格効果、フレーミング効果は、「価格の認識」に影響を与えると言われます。

「価値の認識」と「価格の認識」の2つの次元で顧客を評価し、顧客を4つのセグメント、すなわち「価格によっては購入する」顧客、「価値を買う」顧客、「都合のよい」顧客、「特定ブランドを贔屓にしている顧客」に分けたのが、次ページの図です。

まず、左上の「価格によっては購入する」顧客とは、最低限の品質のレベルの製品を、できるだけ低価格で購入することを望んでいる人たちです。たとえば、旅行に出かける際

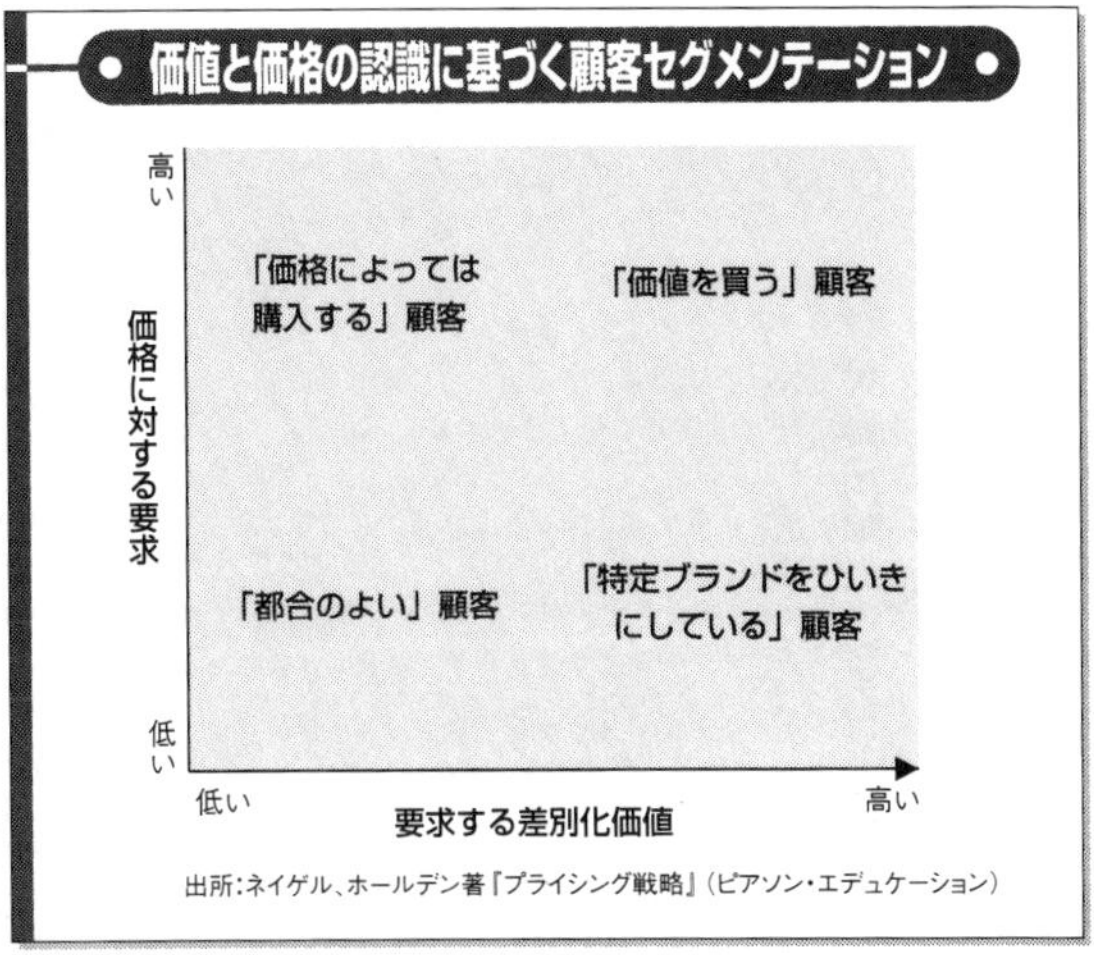

出所：ネイゲル、ホールデン著『プライシング戦略』（ピアソン・エデュケーション）

も、彼らは最低限のニーズを満たす低価格なホテルや航空会社を自分で探します。

同様に、右下の「特定ブランドを贔屓にしている顧客」も、代替品の差別化価値を積極的に評価しようとしない人たちです。

一方、「都合のよい」顧客は、ブランドの違いや価格の比較に関心がなく、最も入手しやすい製品を購入します。

最後に、「価値を買う」顧客は、できるだけ多くの代替品の特徴を評価することにコストをかけ、最小の選択をしようとします。

このように、価格と価値という軸から顧客を把握した場合、複数のセグメントに対応するためには、それぞれに応じた製品、チャネル、メッセージを提供する必要があります。

4-19 価格と価値分析戦略策定のフレームワーク②
～スタティック・バリュー・マネジメント～

次の2つのトピックで顧客の価値認識に基づいた価格と価値の分析の説明をします。スタティック・バリュー・マネジメントとダイナミック・バリュー・マネジメントです。

スタティック・バリュー・マネジメントとは、バリュー・マップと呼ばれる簡単なツールを用いて、あるセグメントの顧客分布を調べる方法です。バリュー・マップからは、市場セグメントにおいて、顧客が判断する対価と便益のバランスがどのようになっているのかを読み取ることができます。

具体的には、横軸に顧客が認識している便益（顧客認知便益）、縦軸には顧客が認識している価格（顧客認知価格）を設定し、競合他社の製品・サービスをプロットします。市場シェアが安定した業界であり、すべての企業が価値に相当する価格を付けていたのであれば、競合する製品・サービスは傾き45度の一直線上に並ぶはずです。

45度の一直線上において、便益と対価がつりあっていることを「価値均衡線」（VEL）

巻末資料⑦「スタティック・バリューマネジメント」で実践！

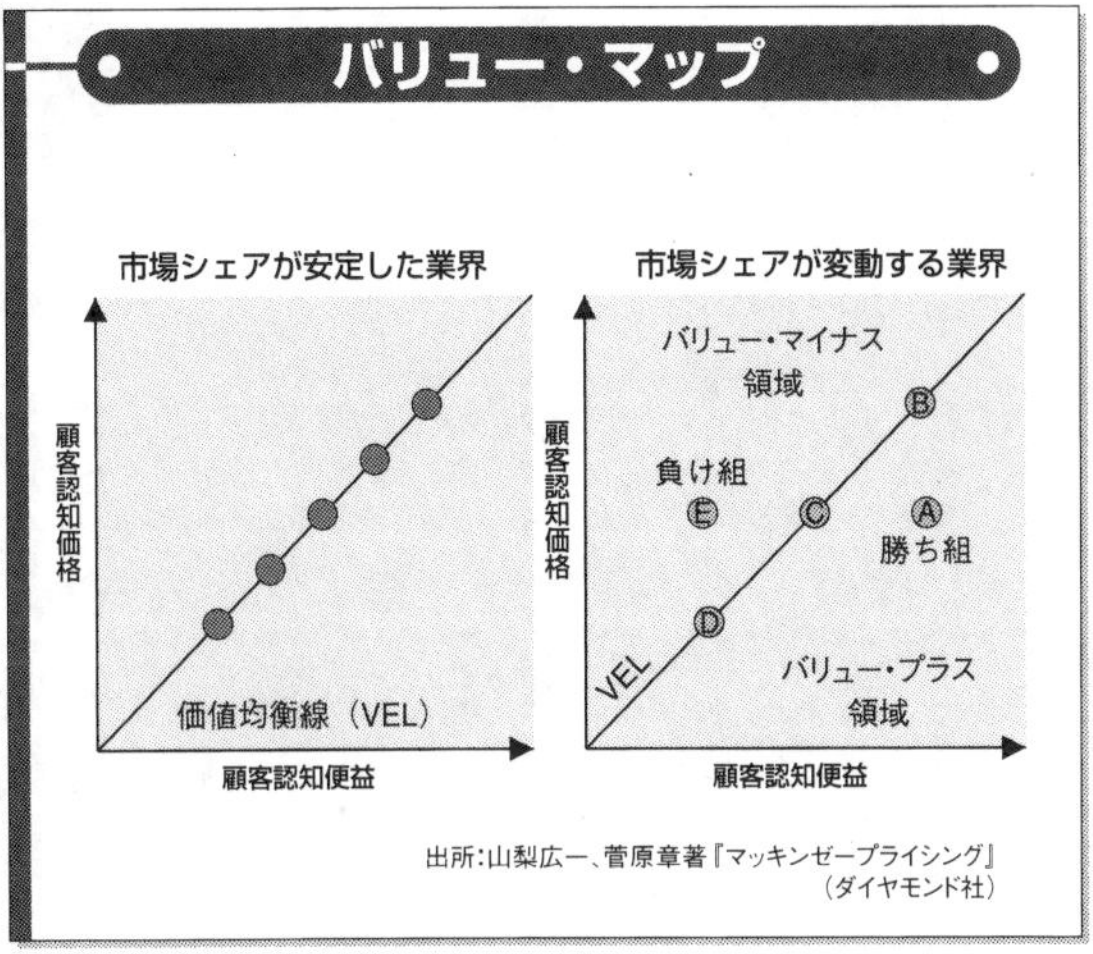

出所：山梨広一、菅原章著『マッキンゼープライシング』
（ダイヤモンド社）

と呼びます。つまり、対価に見合った便益が手に入る市場であり、論理的な購買の選択肢は、VEL上に位置することになります。

一方、市場シェアが変動する市場では、製品はVEL上に一直線に並ぶわけではありません。シェアを拡大する製品・サービスはVELの下側、つまり便益が価格を上回るバリュー・プラス領域に入ります。これらがいわゆる「勝ち組」です。他方、VELの上側に位置しているのが、価格が便益を上回るバリュー・マイナス領域の製品です。これらは「負け組」と見なされます。

ここで有効なことはどのように便益を計量化するかということです。通常は、便益を別の指標で置きかえることについて考えます。

4-20 価格と価値分析戦略策定のフレームワーク③
～ダイナミック・バリュー・マネジメント～

今日では商品のライフサイクルが短くなり、製品のポジションも日々変化していきます。そこで、ダイナミック・バリュー・マネジメントという方法を学習します。この方法で、製品のポジショニングを変える際には、基本的に次の2つの選択肢があります。

■VEL上でのポジショニング変更

あまり攻撃的ではない方法です。ポジショニングの変更は、次のステップを踏みます。

①リスクと市場機会を把握し、比較検討する
②変更する商品属性を賢く選択する
③ある商品属性を変えたら、価格水準はどの程度が適切か検討する
④競争相手の望ましくない反応を抑制できるようなポジショニングを選ぶ
⑤VEL上で新しいポジショニングを決める

■VEL上から離脱するポジショニング変更

ダイナミック・バリューマネジメント

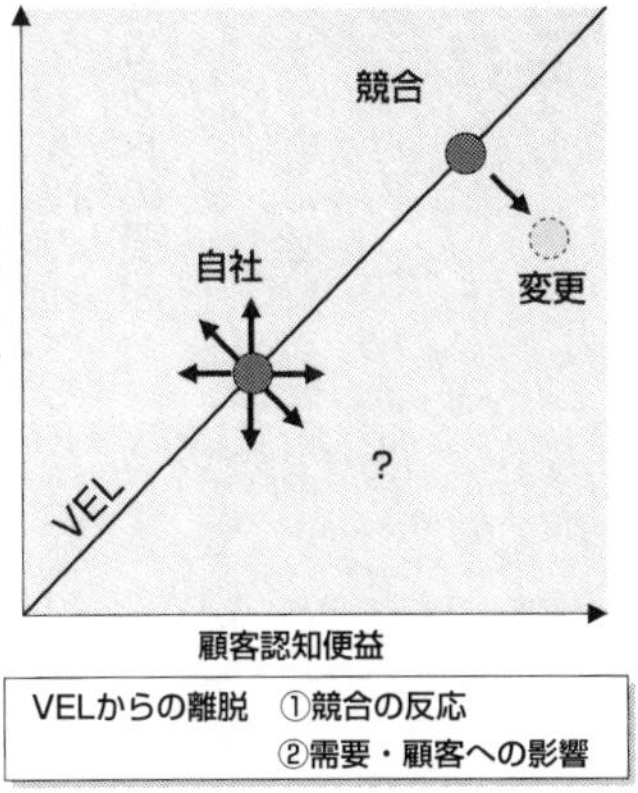

ＶＥＬ上を移動する場合に増して、業界の力関係やポテンシャル、リスクについての理解が必要です。そのため、明らかにリスクの高い戦略であり、競合、顧客の反応をきちんとチェックしておかなければなりません。

①ＶＥＬからの離脱に対する競合の反応

離脱によるシェアの獲得に対する彼らの反撃が予想されます。反応は以下を考慮し、予想します。

・競合の連鎖反応を引き起こしやすいタイプかどうか

・競合の経営状況や姿勢

②需要・顧客への影響

ＶＥＬからの離脱は、顧客が気づくほど大胆で魅力的でなければ意味がありません。

4-21 コスト① ～関連コストの決定要因と見積もり～

コトラー教授の述べる3段階目「コストの見積もり」について考えましょう。

■関連コストの要因

コストは、それ自体によって価格が規定されるものではありませんが、効果的な価格設定を行うために必要な要素です。しかし、すべてのコストが価格決定に影響を与えるわけではありません。価格設定に影響を与えるコストを特定する方法を説明していきます。

関連コストは、主に①増分コストと②回避可能コストの2種類分に分かれます。

①増分コスト

価格を上げれば需要は下がり、価格を下げれば需要は上がります。価格と販売の変動に連動しているコストを増分コストと言います。増分コストとは、単に変動費というわけではありません。たとえば、変動費は、価格設定でいつも増分コストになります。一方、固定費は、いくつかの固定費以外は増分コストにはなりません。増分コスト計算とは価格決

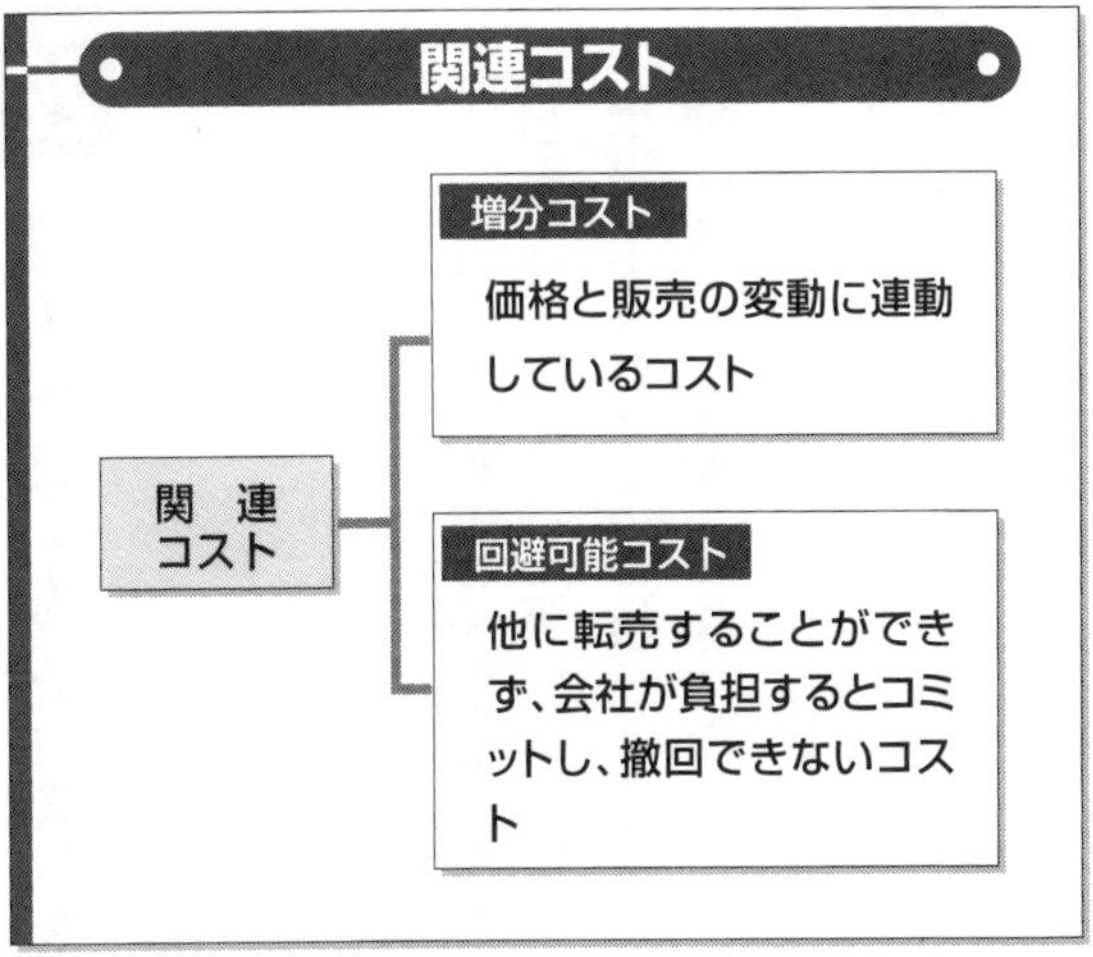
関連コスト
増分コスト
価格と販売の変動に連動しているコスト
関　連コスト
回避可能コスト
他に転売することができず、会社が負担するとコミットし、撤回できないコスト

定から生じるプラス／マイナス方向への増分をコストと見なす計算方法のことです。

②回避可能コスト

回避可能コストとは他に転換することができず、会社が負担するとコミットし、撤回できない費用のことです。製品を販売したり、顧客へ配送したり、売り切った製品の在庫を補充したりするコストは企業が必ず支払わなくてはなりません。

回避可能コストと紛らわしいコストに「サンク・コスト」という考え方があります。たとえば、会社の研究費用に対する過去の出費やビルの賃貸料や設備レンタル料などの避けることのできないコストのことです。

4-22 コスト②　～増分コストを見積もる際の留意点～

それでは、関連コストに関して2種類知ったところで、特に増分コストを見積もる際に留意せねばならないポイントを4点紹介します。

①ひとつのユニットにおける経費を見積もる場合に、変動費合計を平均しないこと

たとえば、人件費が時間帯によって異なる生産方法により経費を見積もることを考えます。需要が大きいときには残業を増やす必要があるし、逆に少ないときには労働力の安い時間帯のみ工場を稼働させればよいことになります。需要によって経費が変わる際に、人件費のコストを平均値で（時間帯に関係なく）求めると、現実とは違うコストが見積もられます。

②会計における減価償却方法に注意すること

「減価償却費の変動分を増分コストに含める」という考え方は不適切です。価格設定における減価償却費は、その資産を使用した結果として市場での価値における下落予測分を

増分コストを見積もる際の留意点

①ひとつのユニットにおける経費を見積もる場合に、変動費合計を平均しないこと

②会計における減価償却方法に注意すること

③価格決定において、シングルコストのすべてが関連コスト、もしくは無関連というように考えてはならないこと

④オポチュニティコストの見落としに気をつけること

増分コストと捉えるべきです。

③シングルコストのすべてが関連コスト、もしくはすべてが無関連と考えてはならない

たとえば、減価償却費だから関連コストでないなどと決めつけるのは正しいコスト見積もりではありません。まず、増分コストや回避可能コスト、サンク・コストなどの区分を理解した上で厳密に行わなければ意味がありません。

④オポチュニティコストの見落としに注意する

オポチュニティコストとは企業が資産をある目的のために他の目的を差しおいて利用した場合にやり過ごしてしまう貢献度のことです。財務諸表に登場しない指標であるため見過ごされがちです。

4-23 コスト③ ～価格決定におけるコストの注意点～

価格設定に関連するコストについて説明してきましたが、注意しなければいけないのは、「コストを見積もるのは価格を決定するためではない」ということです。コストを見積もる目的というのは、「価格がコストを下回らないように限度を決めるため」という程度のものなのです。

コトラー教授によれば、コストによって価格を決定するという考え方は間違いです。具体的には、コストの○割増しの価格であるとか、人件費の○%増しを価格にするといった設定方法です。こうした設定方法は、ある場合を除いて、誤った設定方法になります

「ある場合」というのは、競争がまったくないような状態です。独占市場なので、価格をどのように決定しても問題ありません。消費者は、提示された価格で唯一の商品を買うほかに、その商品を手に入れる術を持たないからです。このような場合は、コストという「企業の事情」から価格を決定してもよいと考えられます。

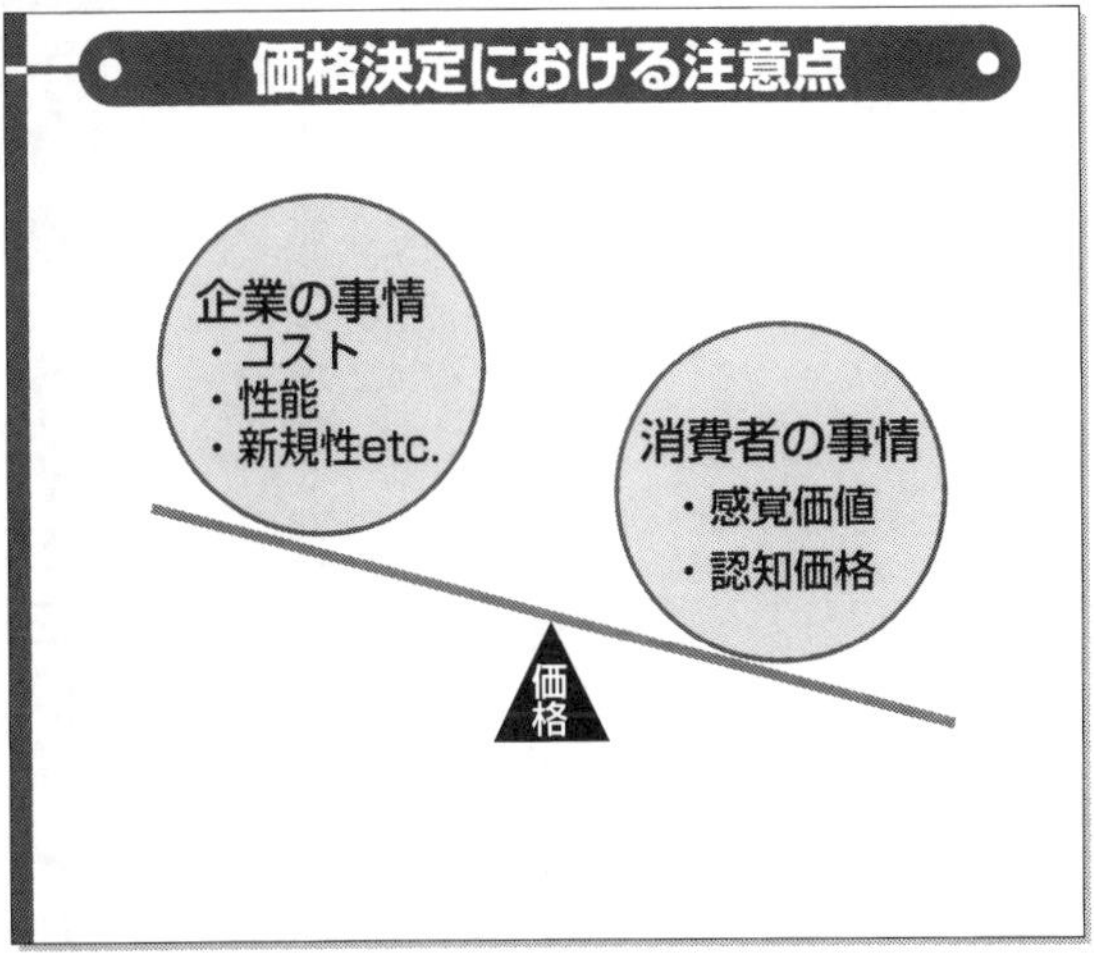

しかし、現実の市場においては競合が存在し、商品を選ぶ「消費者の事情」を考慮しなければなりません。代替品と自社製品が並んだとき、消費者がどのように自社製品の価格を受け止めるのか、また消費者が自社商品の価値をどの程度評価しているのか、といった点が重要になります。製品における一連のマーケティングも、すべて「消費者の事情」を汲み取って行ってきました。価格もマーケティングミックスの中の重要な一つの要素です。どんなに製品が顧客のニーズに沿っていたとしても、価格が「企業の事情」のみを考慮したものでは、マーケティングミックスが台なしになってしまうことを心にとめておきましょう。

4-24 価格体系―セグメント・フェイス、価格測定基準

企業は価格を反映した価格体系を設定する必要があります。価格体系にはセグメント・フェイスと価格測定基準の2つの要素があります。

①セグメント・フェイス

セグメント・フェイスとは、顧客によって商品の価値を差別化する際の「顧客の基準」です。映画館は年齢を基準にし、シニア割引などで値引きを行っています。また、航空会社は顧客の搭乗目的をセグメント・フェイスにして、予約時期で価格を差別化しています。

セグメント・フェイスを設定することの利点は、価格を差別化することで、幅広いターゲットを受け入れることができる点です。「毎月1日は1000円、50歳以上なら割引」、と価格に幅を持たせることで、1800円では映画を観ない人をある程度囲い込めます。

一方で、セグメント・フェイスの留意点もあります。セグメント・フェイスは製品の転売が容易であったり、セグメント・フェイスの基準が客観的でないと、セグメントごとの

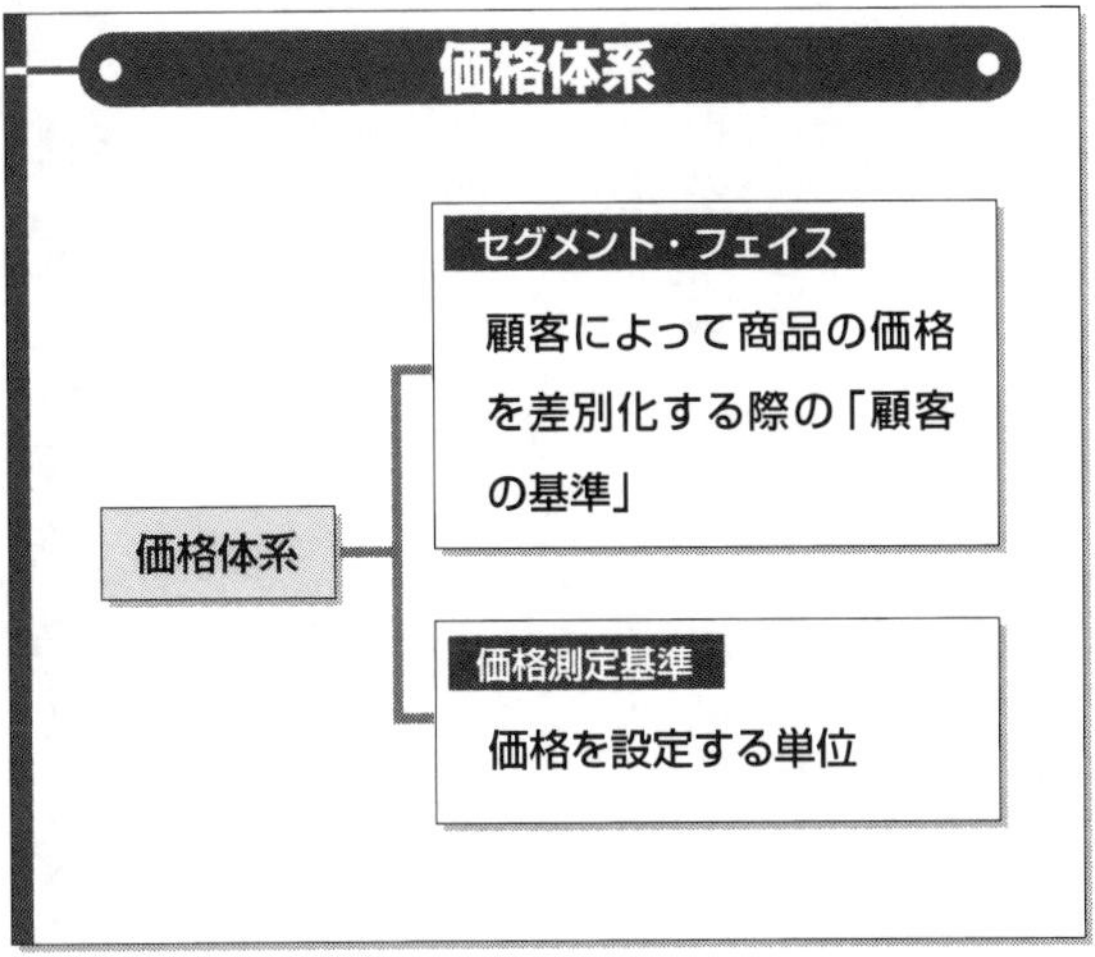
価格体系
価格体系
セグメント・フェイス
顧客によって商品の価格を差別化する際の「顧客の基準」
価格測定基準
価格を設定する単位

異なる価格を維持できないという点です。セグメント・フェイスとして有効なものには、年齢や法的な地位（消費者、企業、非営利団体、営利団体）など、明確な基準があります。

②価格測定基準

　価格設定基準とは、価格を設定する単位のことです。フィットネスクラブの場合、時間帯、訪問回数を価格設定基準としていることが考えられます。すべての顧客にとって「価格＝価値」という関係が成立し、かつ価値に比例して価格を決定することができる測定基準を見つけることがポイントです。具体的には、セグメントごとに、顧客にとって価値を高めるものや、コストを増大させるものを調査することです。

4-25 価格設定方法①　～マークアップ価格設定～

それでは、これまでの要素から価格を設定する方法を学んでいきましょう。

価格設定方法のうち、最も基本的なものとしてマークアップ価格設定があります。これは、製品のコストに標準的なマークアップを加えるというものです。

たとえば、固定費が1億円必要だとして、製品を10万台販売する予定だとします。さらに、1台生産するのに、変動費が100円かかるとします。つまり、1台生産するのに100円の固定費と100円の変動費がかかることになります。単位コストは200円です。これだけでは利益が出ないので、利益を3割増やすとします。これが、期待利益率で、式に代入すると、製品の価格を260円と設定できます。

この価格設定方法は、①需要を見積もるよりも、価格とコストを結びつけることで、簡単に価格設定ができる、②市場における全企業がこの方法を用いた場合、価格が類似し、価格競争を最小限に抑えられる、③需要が高くなってもそれを利用しないことから、買い

巻末資料⑧「価格設定のためのプロセスフォームIII」で実践！

マークアップ価格設定

$$マークアップ価格 = \frac{単位コスト}{(1 - 期待利益率)}$$

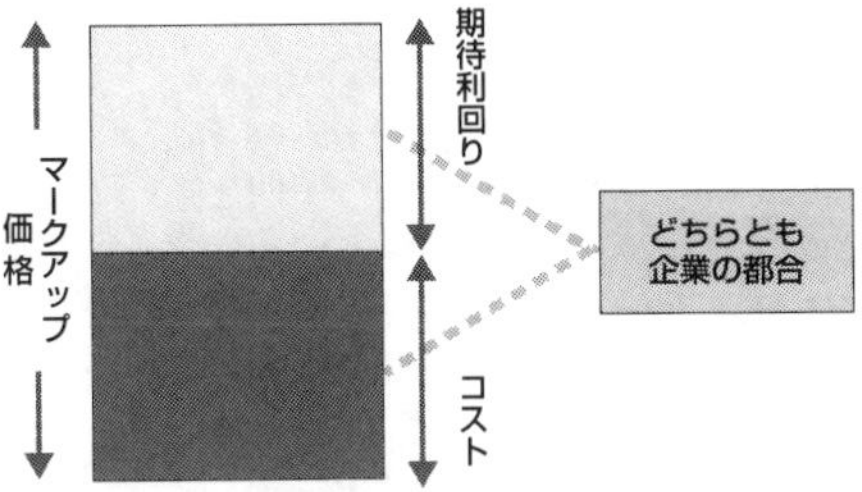

手・売り手の双方にとって公平である、という3つの理由から、支持されています。

しかし、この方法は市場の現在の需要や、知覚価値、競合他社を無視しており、最適な価格をつけられるとは考えにくいため、注意が必要です。こうした価格設定が成功するのは、マークアップ価格が実際に予想通りの販売水準をもたらす場合だけだとコトラー教授は指摘しています。この方法は、まったく競合のない市場を狙う以外は通用せず、現代のマーケティングでこの方法に頼るのはリスクが高いと考えられます。

あくまでも、企業だけの都合で価格をつけてはならないことを覚えておきましょう。

4-26 価格設定方法② ～ターゲットリターン価格設定～

ターゲットリターン価格設定とは、マークアップがコストから価格を設定した方法と似ており、目標とする投資収益率（ＲＯＩ）を基準に価格を設定する方法です。ＧＭもこの価格設定を採用しており、15～20％のＲＯＩを達成できるように自動車の価格を設定しています。

次ページの式で設定したコストと販売数が正確であれば、企業は期待収益を実現できるでしょう。しかし、販売数が目標に届かなかった場合はどうなるのでしょうか。損益分岐点チャートを用いることで、損益分岐点となる販売数を算出し、販売数の目安とすることができます。

損益分岐点となる販売量を求めるには、次ページの損益分岐点販売量の式を用います。

ターゲットリターン価格設定で気をつけなければならないのは、算定した販売量は、需要の価格弾力性や、競合他社の価格といった他の要素にも左右されるということです。ま

巻末資料⑧「価格設定のためのプロセスフォームIII」で実践！

ターゲットリターン価格設定

$$\text{ターゲットリターン価格} = \text{単位コスト} + \frac{\text{期待収益}\times\text{投下資本}}{\text{販売数}}$$

$$\text{損益分岐点販売量} = \frac{\text{固定費}}{\text{価格}-\text{変動費}}$$

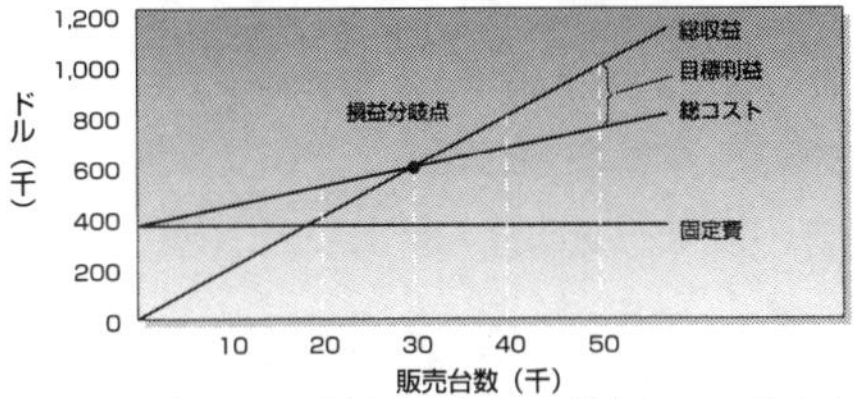

出所：P・コトラー著『マーケティング・マネジメント（ミレニアム版）』ピアソン・エデュケーション

た、固定費や変動費のコストを下げることで販売量を減らすことができるため、コスト削減も行っていくのが望ましいでしょう。

マークアップ価格設定と同様に、この方法にも「顧客の事情を無視している」という落とし穴があります。こうした企業の事情だけで価格を決定するのは古い方法であり、競合他社が存在し、顧客の価格への嗜好が多様化する現代においては、適切な価格設定はできません。ターゲットリターン価格設定のみを採用するのではなく、顧客や競合他社という要素も参考にしましょう。

4-27 価格設定法③
～知覚価値価格設定・バリュー価格設定～

■知覚価値価格設定

マークアップ価格設定や、ターゲットリターン価格設定は、企業の事情に焦点を当てた価格設定方法でした。一方、消費者の立場に重点を置いた価格設定方法が、知覚価値価格設定です。この設定方法では、消費者の「知覚価値」を基準に、価格を設定します。「知覚価値」とは、消費者がその商品に見出す経済価値のことです。消費者が認識する経済価値と、その価値に影響を与える要素については、前に解説した通りです。

■バリュー価格設定

バリュー価格設定とは、高品質の商品にきわめて低い価格をつけるという方法です。これは、単に競合他社よりも低い価格をつけるというだけではありません。品質を保ったまま、製品を低コストで生産することを目標とするため、全業務のリエンジニアリングを行い、結果として多くの顧客を引きつけ、さらに大幅な値下げが可能になるということです。

巻末資料⑧「価格設定のためのプロセスフォームIII」で実践！

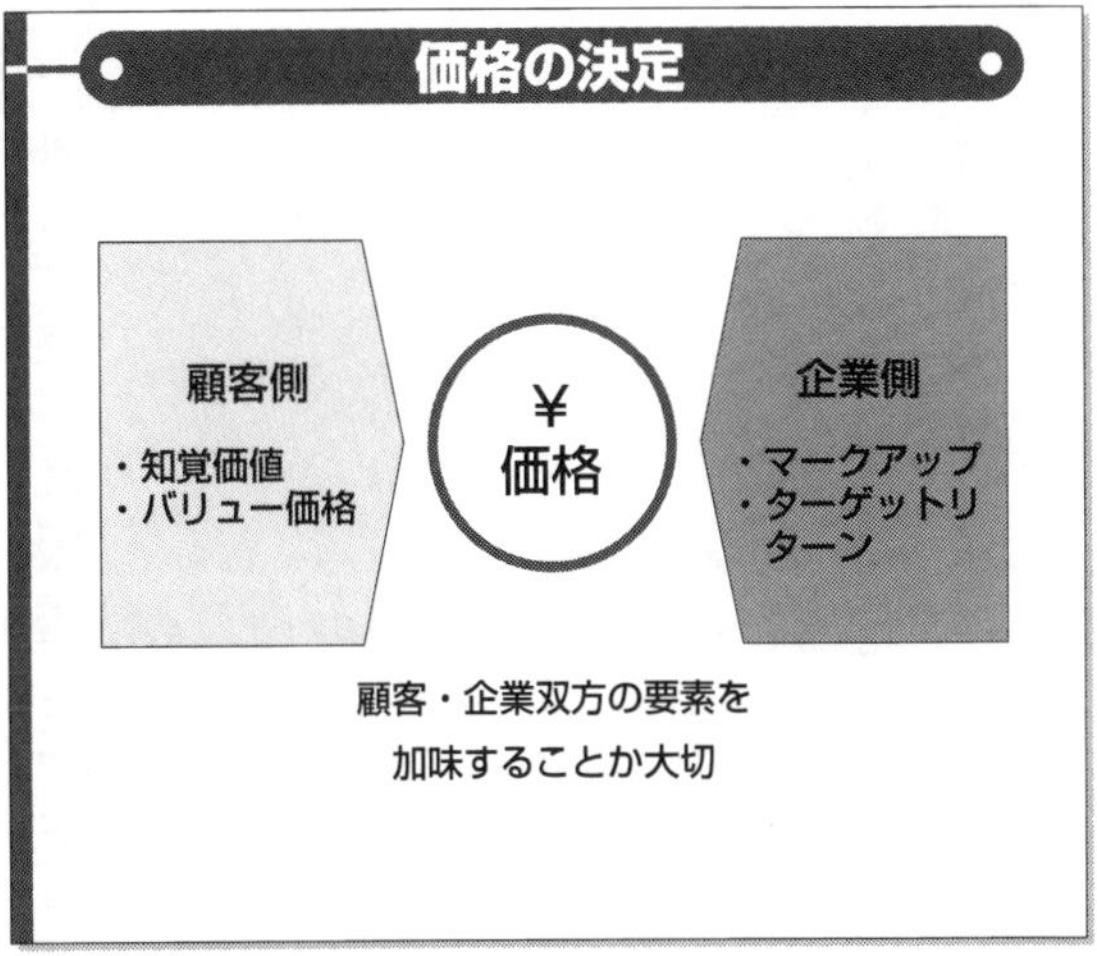

かつては、「安かろう、悪かろう」と思われていた低価格製品ですが、高品質の製品を低価格で売り出すメーカーが出現したことによって、低価格でできるだけいい品質の製品を手に入れようとする消費者が増えています。

有名なものとして、小売レベルで行われる「エブリデイ・ロー・プライシング（ＥＤＬＰ）」が挙げられます。日常的に低価格をつけるというものです。ＥＤＬＰによって、顧客の販売促進がコンスタントにできるだけでなく、店頭価格の信頼性に疑問を抱かせることもできます。しかし、ＥＤＬＰの価格よりも低い価格をつけ、一時的にプロモーションを行う他社も存在するため、ＥＤＬＰはいつも成功するとは限りません。

4-28 価格設定法④ 〜現行ルート価格設定〜

競合他社が商品につけている価格を基準にして、製品の価格を決定する方法が、現行ルート価格設定です。最も簡単な価格設定方法と言えます。

このような価格設定が行われるのは、商品のコストを把握するのが困難であったり、競合他社の反応が不確実であるような場合です。そこで企業は、現行価格を基準とし、それより高い、低い、あるいは同じ価格を設定します。たとえば、鉄鋼、紙、肥料といったコモディティを商品とする寡占業界においては、競合他社と同一価格を設定するのが一般的です。また、中小企業などは、業界のリーダーの価格に従って、自社の都合よりもリーダー企業の価格変更にともなって設定することもあります。ブランド感を出したいメーカーであれば、競合他社よりも高い価格をつけるでしょう。ビール業界では、10円という価格差がシェアの大きな変化を生むこともあり、価格競争を避けるために現行ルート価格設定で、横並びの価格をとることもあるでしょう。このように、業界の動向や、自社がどうい

巻末資料⑧「価格設定のためのプロセスフォーム III」で実践！

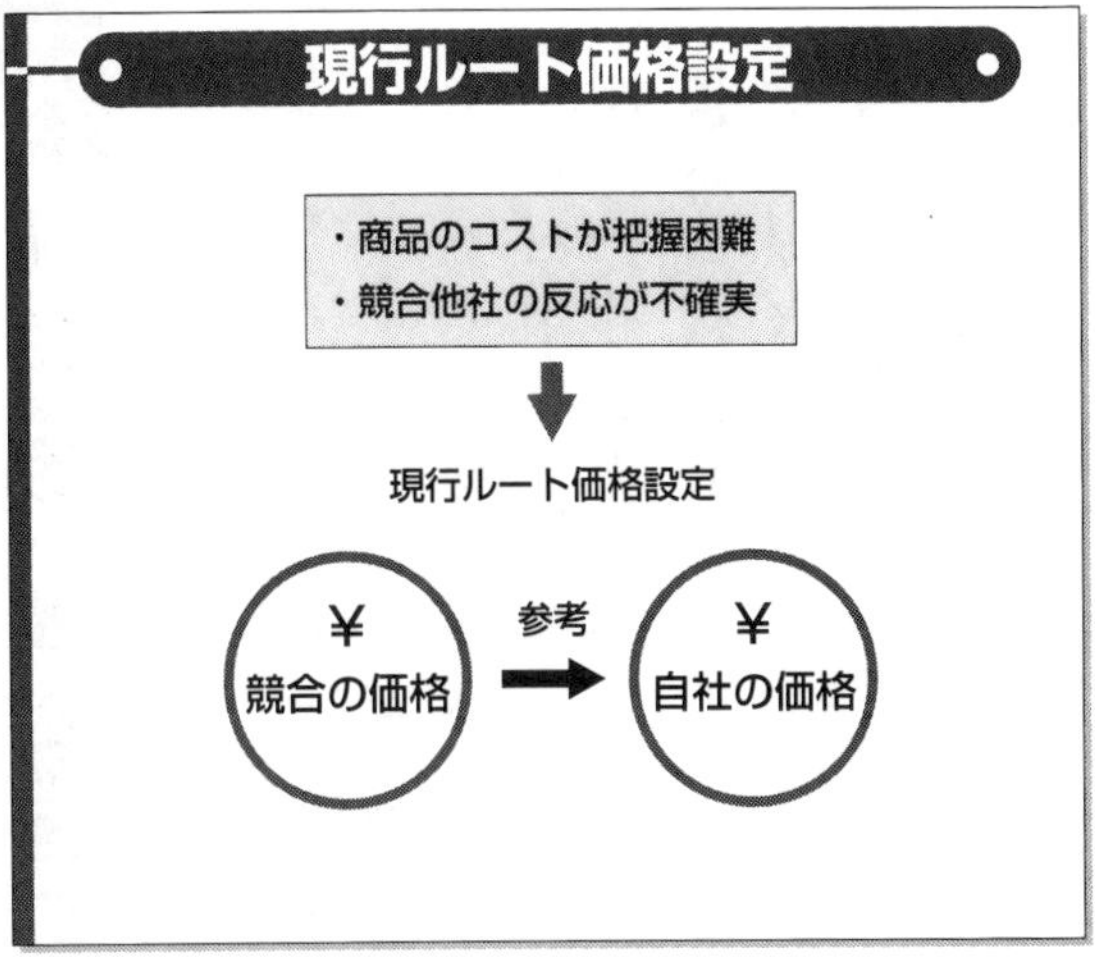

ったポジションをとりたいかで価格の高低は変わります。

しかし、こうした価格設定方法も、マークアップ価格設定やターゲットリターン価格設定と同様に、消費者の事情を無視しています。さらに、自社の事情も無視しているため、この方法のみに頼って価格を設定することは好ましくありません。自社にかかるコストや売上といった要素が反映されず、競合他社の動向に左右されやすくなってしまうからです。

繰り返しになりますが、自社、競合他社、消費者の三者の事情を考慮した価格設定が、最も適切な方法であるといえるでしょう。

4-29 価格設定：最終価格の選択①
～心理的価格設定～

最終価格を決定するにあたって、価格の範囲を絞り込むための参考となるいくつかの要素があります。その一つが、心理的価格設定です。

消費者の多くは、価格を商品の価値の目安として捉えています。コストが300円もかかっていない1000円のチョコレートでも、そのチョコレートを贈る人は、相手に心遣いを伝えるために商品を購入するのです。そして「このチョコレートには1000円程度の価値がある」と判断した結果、購入するのです。これが心理的価格です。

また、消費者が商品を購入する際に、参照価格が影響を与えます。参照価格とは、購入状況や、現在・過去に見た価格から、消費者の意識の中で形成されるものです。たとえば、コンビニエンスストアに290円のプリンが置いてあった場合などに、「特に量が多いわけでも、高級感があるわけでもないのに、プリンにしては高い」と感じることがあるでしょう。そのように判断する際には、自然と参照価格というものが形成されているのです。

心理的価格の例

段階価格	高級品	80,000円	
	中級品	50,000円	
	普及品	30,000円	
名声価格	ブランド品	300,000円	
端数価格	特価品	19,800円	
慣例価格	缶ジュース	120円	
	タバコ	250円	

この意識を利用して、商品の価格に反映させることもできます。

最後に、顧客心理をついた細かいテクニックとして、安さを印象づける場合などに、価格を端数で終わらせることがあります。１０００円の商品に９９０円という価格をつけることで、たった10円の違いであるにもかかわらず、随分安くなったような印象を与えることができます。逆に、高価格のイメージを定着させたい場合には、端数を使うことは避けたほうがよいでしょう。

あるいは、価格に鈍感なセグメントに対して、広告などを利用し競合他社の価格の高さをアピールすることも消費者の心理的価格に影響を与える有効な戦略と言えます。

4-30 価格設定：最終価格の選択②
～その他の考慮すべき要素～

最終価格の決定にあたって、他にも考慮すべき要素があります。

■他のマーケティング・ミックス要素の影響

価格を決定する際には、広告と製品の品質の関係も考慮する必要があります。ファリスとレイブステインの調査によれば、品質と広告予算によって、価格のつけ方が変わると言います。相対的に品質が高く、広告予算が最も高い商品には、一番高値をつけることができ、相対的に広告予算も品質も低いものには、最も低い価格をつけることになります。このように、価格を他のマーケティング・ミックスに連動させ、調整を行います。

■企業の価格設定方針

企業の方針と合っているものかどうかを判断することも必要です。「より多くの人に安全な商品を」といった経営方針を掲げている企業にとって、一部の高所得層しか買えないような製品展開をしていくと、企業方針との間に矛盾が生じてきます。多くの企業は、見

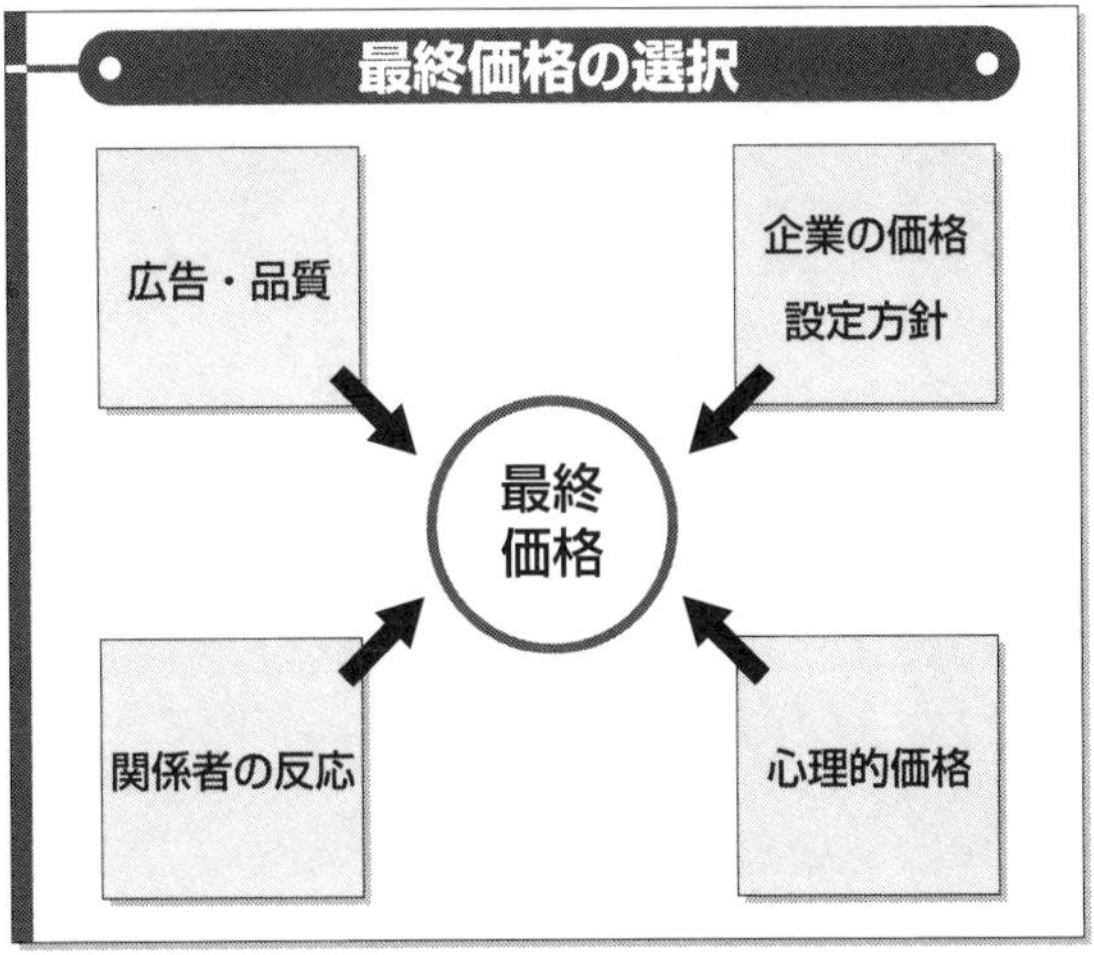

積価格が妥当かどうかを判断し、価格決定を行うための部門を設けています。

■他の関係者に対する価格の影響

消費者のみならず、価格に対する関係者の反応を予測しておくことも重要です。流通業者、競合他社、また供給業者だけでなく、政府の介入（価格設定にまつわる法律）も視野に入れておくべきでしょう。

第5章

商品開発プロセスⅣ

事業分析

5-1 本章で学ぶこと

本章ではプロジェクトの事業性について考えてみたいと思います。

事業性とは、一言で言えば「利益はどのくらい出るか」という一点に絞られます。製品を売り出す前に利益を計算することは「皮算用」的なニュアンスをも含んでいますが、逆に「皮算用」にならないよう、理論的にかつ体系的に導出する必要があるのです。

多くの企業もこの段階で利益見込を計算しますが、これが夢物語であるケースが非常に多いのです。その理由は2つ挙げられます。

①体系的な方法が決まっていない

利益を出す場合には通常、売り上げ予想からコストを差し引くのですが、コストは大方予想がつくものの、これまで市場調査を怠ってきた企業は売上など予想しようもありません。本章で学習していただきたいのは、製品の特性を綿密な市場調査の結果と合理的に統合して求めていただきたいということなのです。

「取らぬ狸の皮算用」的な事業分析は、往々にして犯しやすい誤りである。

②利益を推定する必要性が不明確である

価格やコストは詳細に判明されるべきですが、売上など予想しがたいものがあります。しかし、これは事業性を判断するという意味で重要なのです。企業はプロジェクトごとに「シェアを何%奪いたい」などの目標を持っていますから、それに到達できるかの見込みを予測する必要はあるのです。実際に多くのお金をつぎ込んで、フタを開けたら目標の10%程度の達成率だったとなれば、笑いごとでは済まされません。正しい事業性の検討の仕方を学ぶ必要があるのです。

第5章も価格戦略と同様、見過ごされやすい重要な内容です。しっかり学習して確実に収益の出る事業を行えるようにしましょう。

5-2 総売上高の推定

製品コンセプトとマーケティング戦略（※本書では製品と価格のみについて言及しているが、本来はチャネルやプロモーション検討が必要）が決定したら、その商品の魅力度を判定できます。満足な結果が得られれば、商品開発へと進みます。

まずは、総売上高を算出し、利益を生み出すことができるかを判断します。総売上高は、「初回購入の売上高＋買い替え購入の売上高＋反復購入の売上高」を求めることで推定されます。売上は商品の特性によっても異なるため、「製品が一回限りの購入品」「小頻度購入品」「多頻度購入品」の3つのタイプに分けて、総売上高を推定する必要があります。

①製品が一回限りの購入品

マイホームや婚約指輪などの製品が該当します。こうした商品の売上高は、最初上昇曲線を描き、ピークに到達した後は、潜在購入者の数が減るにつれて、ゼロに接近します。

②小頻度購入品

3タイプの製品における製品ライフサイクルと売上高

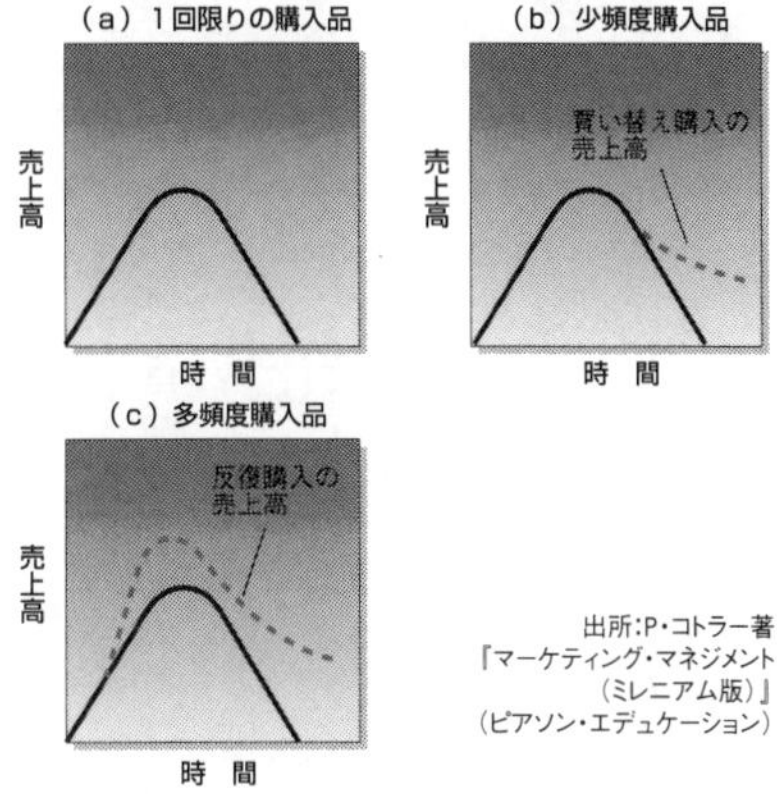

出所：P・コトラー著『マーケティング・マネジメント（ミレニアム版）』（ピアソン・エデュケーション）

自動車などの製品は定期的に買い換える必要が出てくるため、サイクルが存在します。この場合、初回購入時の売上高と買い替え購入の売上高の推定を別々に行います。

③多頻度購入品

非耐久消費財は初回購入については①や②と同じような曲線を描きますが、反復購入の曲線が加わるのが特徴です。

新製品の売上高を推定するにあたって、まず初回購入数を推定する必要があります。また、買い替え購入の売上高推定には、製品の耐用年数分布を把握しなくてはなりません。実際に買い換えるタイミングの推定は困難であるため、初回購入の売上推定を根拠に、新製品を発売する場合もあります。

5-3 コストと利益の推定①

次にコストと利益を見積もります。コストの見積もりは、研究開発、製造、マーケティング、財務のそれぞれの部門において行われます。算出する項目は、主に11個あります。図は某企業の朝食用飲料におけるキャッシュフロー計算計画書（5カ年）を事例として取り上げたものです。

◇売上高

市場成長率、自社の市場シェア、工場価格などを仮定して算出します。この朝食用飲料メーカーは初年度に約1200万ドルの売上を見込んでいることがわかります。

◇売上原価

労務費、材料費、1ケースあたりの包装費における平均原価の見積もりから算出します。

◇粗利益

売上高から売上原価を引いたものがこれにあたります。

巻末資料⑨「事業分析：コストと利益の推定」で実践！

某企業の5ヵ年のキャッシュフロー計算計画書(1)

（単位：千ドル）

	0年度	1年度	2年度	3年度	4年度	5年度
1 売上高	0	11,889	15,381	19,654	28,253	32,491
2 売上原価	0	3,981	5,150	6,581	9,461	10,880
3 粗利益	0	7,908	10,231	13,073	18,792	21,611
4 開発費	-3,500	0	0	0	0	0
5 マーケティング費	0	8,000	6,460	8,255	11,866	13,646
6 間接費配賦額	0	1,189	1,538	1,965	2,825	3,249

出所：P・コトラー著『マーケティング・マネジメント（ミレニアム版）』ピアソン・エデュケーション

◇開発費

製品開発費、マーケティングリサーチ費、製造開発費などから推定します。

◇マーケティング費

広告費、販促費、マーケティングリサーチ費、セールス・フォースの経費、マーケティング管理費などを見積もります。

◇間接費配賦額

経営幹部の人件費や光熱費などの負担分を指します。

5-4 コストと利益の推定②

続けて、表を見ながらコストと利益の確定を行いましょう。

◇総貢献利益

粗利益から、開発費、マーケティング費、間接費配賦額を引いたものを指します。

◇副次利益

新製品の導入により、影響を受ける他の自社製品の利益変化を表します。基本的にドラガロング利益からカニバライズド利益を差し引くことによって求めます。

ドラガロング利益とは、新製品を導入することで自社の他製品もつられて購入してしまうことからの利益です。逆に新製品を投入したことで、減少する自社の他製品の損失のことをカニバライズド利益と言います。

副次利益を増加させるためには、関係品を売る（例：携帯電話メーカーがストラップを販売する）戦略が有効になります。また、カニバライズド利益を減らすためには、ターゲ

巻末資料⑨「事業分析：コストと利益の推定」で実践！

某企業の5カ年のキャッシュフロー計算計画書(2)

（単位：千ドル）

	0年度	1年度	2年度	3年度	4年度	5年度
7　総貢献利益	-3,500	-1,281	2,233	2,853	4,101	4,716
8　副次利益	0	0	0	0	0	0
9　純貢献利益	-3,500	-1,281	2,233	2,853	4,101	4,716
10　割引貢献利益（割引率15%）	-3,500	-1,113	1,691	1,877	2,343	2,346
11　割引貢献利益の累計額	-3,500	-4,613	-2,922	-1,045	1,298	3,644

出所：P・コトラー著『マーケティング・マネジメント（ミレニアム版）』ピアソン・エデュケーション

ットが重複しないことが重要です。

◇純貢献利益

総貢献利益に副次的利益を加えた（マイナスの場合は差し引く）利益のことを言います。

◇割引貢献利益（割引率○%）

年率○%で将来の貢献利益を割り引いた現在価値を表します。

◇割引貢献利益の累計額

割引貢献利益を1年ずつ累計したものを表します。これらを計算してコストと利益を予測します。他にも、予定した価格と原価構成で何個売ればいいのかを計算する「損益分岐点分析」や消費者の購買をさまざまなパターンでコンピュータを使ってシミュレートする「リスク分析」などの分析方法もあります。

第6章

商品開発プロセスⅤ

製品開発から商品化へ

6-1 本章で学ぶこと

　これまでの章では、アイディアを練りコンセプトに変え、標的市場を選定し、価格を設定、さらに、事業分析を行って事業を実践する妥当性を検証してきました。ここからはコンセプト止まりだったアイディアを実際に形ある物に変えていくノウハウを学びます。

　そのためには次の3つのステップを経る必要があります。

①プロトタイプを作成する。
②製品に対して2種類のテストを行う。
③マーケティング案の調整

　まず、プロトタイプを作成するステップですが、これは次の段階のテストを行う目的で作成されるものです。プロトタイプとは言ってもほとんど完成品に類似させる必要があります。プロトタイプができたら、①製品は壊れないか、②製品は市場に受け入れられるかという2種類のテストを行います。前者をα（アルファ）テスト、後者をβ（ベータ）テ

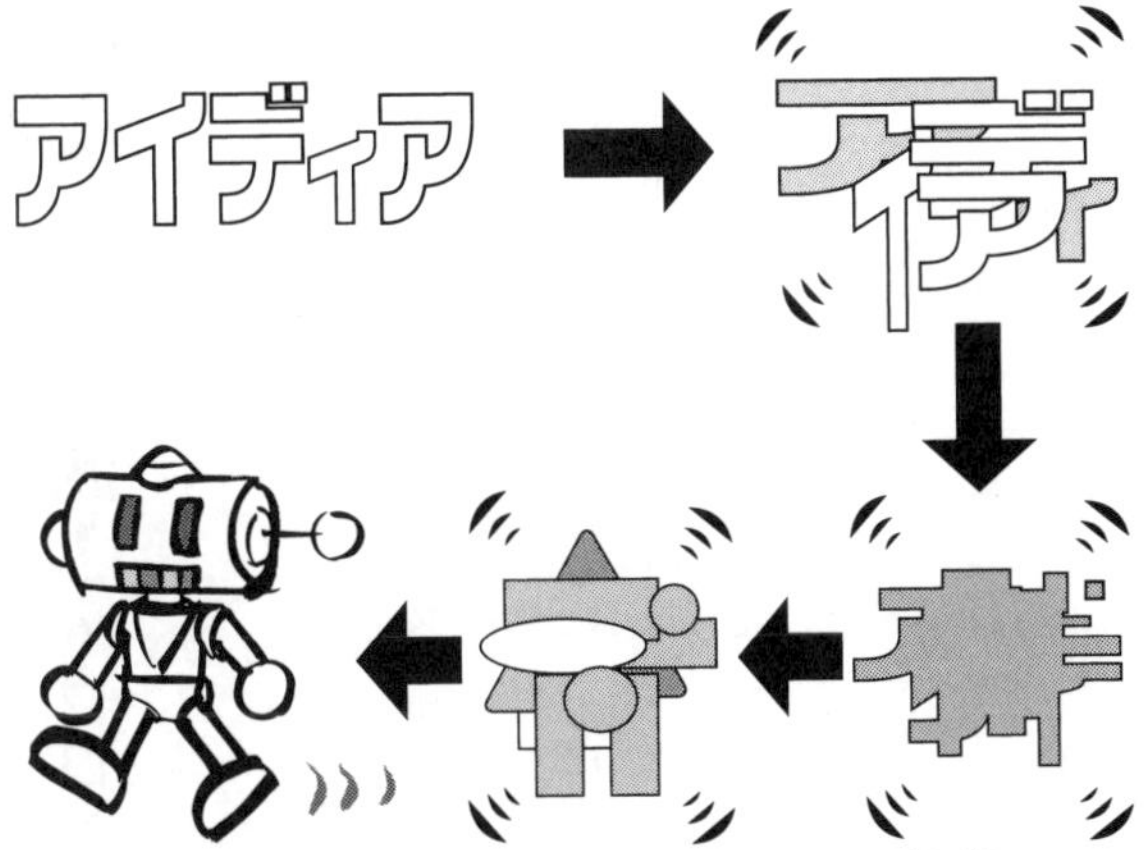

アイディアを形ある商品に変えていくノウハウを学ぼう。

ストと呼んでいます。

マーケティングには4Pと呼ばれる視点があります。すなわち、「Product（製品）」、「Price（価格）」、「Promotion（プロモーション）」、「Place（チャネル）」です。これまでは最初の2つのPについて考えてきました。

そこで最後に残り2つのP、すなわち、どのように広告し、どのようなチャネルを用いるかを決める必要があります。4Pはどれも手を抜いてはいけない要素だからです。

しかし、本書ではこれらの点に関しては簡単な概要の紹介程度にとどめておきます。なぜならば、商品をどのように開発するかが本書の主なテーマだからです。

6-2 商品開発① ～プロトタイプ作成～

事業分析を行って、十分に収益性があると判断されれば、実際の商品開発プロセスへと移ります。商品開発プロセスの第1段階としてプロトタイプ作成があります。

コンセプトを実用的なプロトタイプに変える作業は、品質機能配置（ＱＦＤ）という手法で行われます。ＱＦＤでは、市場調査から得られたニーズから、顧客属性（ＣＡｓ）リストを作成し、それを技術属性（ＥＡｓ）リストに変換し、技術者の開発へと繋げていきます。たとえば、市場調査で、スポーツドリンクの購入を考えている消費者は、より体脂肪を燃焼できる効果を期待しているという結果が出たとします。技術者は、この顧客属性を、「体脂肪燃焼に効果のあるアミノ酸を入れる」といった機能で置き換えることができます。このように、ＱＦＤによって、ニーズを実現するために技術的な置き換えがどの程度必要で、それにどのくらいの費用がかかるのかを知ることができます。

次に、企業はＱＦＤを用いて、プロトタイプを作成していきます。プロトタイプ作成に

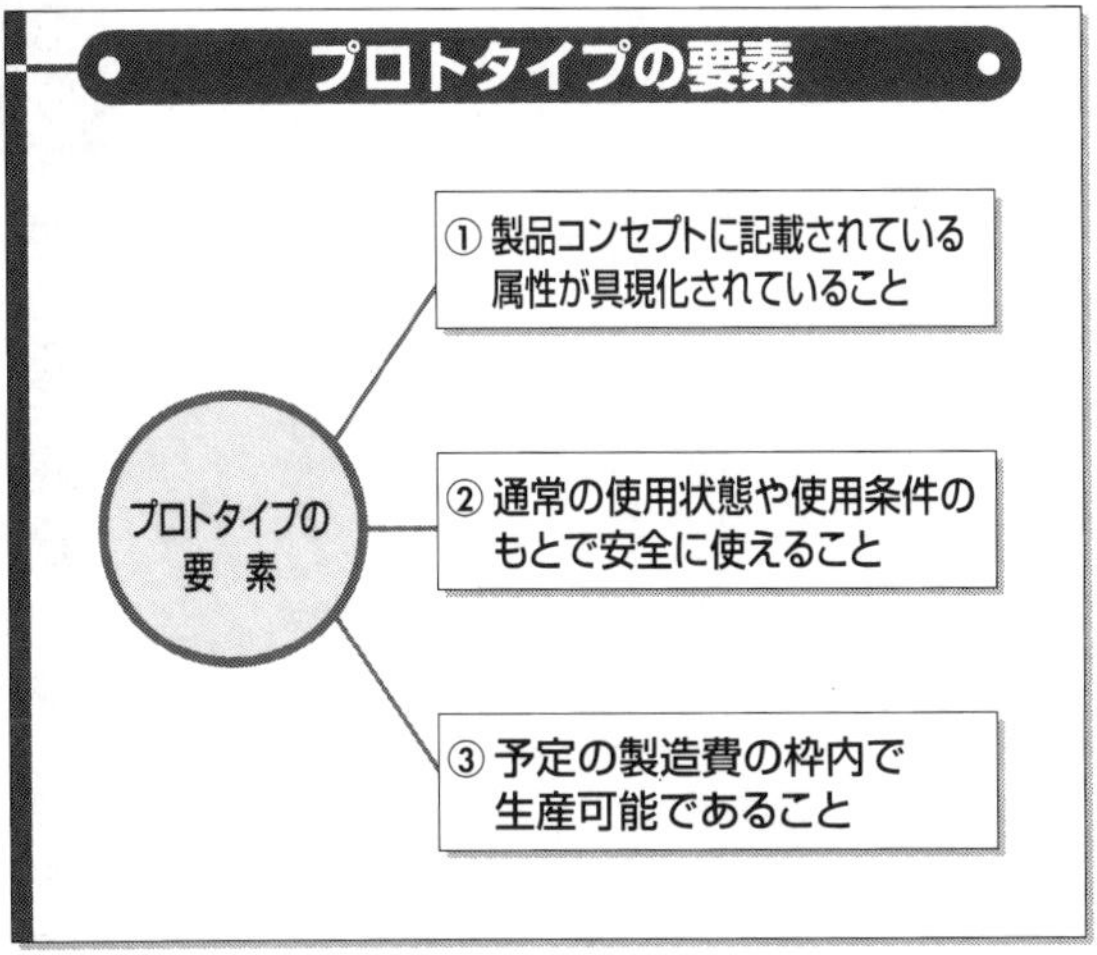

あたっては、次の3点を満たすようなものを心がけることが重要です。

①製品コンセプトに記載されている属性が具現化されていること

②通常の使用状態や使用条件の下で安全に使えること

③予定の製造費の枠内で生産可能であること

　プロトタイプの目的は、新製品をイメージから物体へと変えていく点にあります。ですから、最終形態にできるだけ近いものを作ることが望ましく、さらにそれを用いてテストを行うことも前提に考えていかなければなりません。また、この段階で、予算を見直して、予定通りに行くのかどうかを調整しておくことも必要でしょう。

6-3 商品開発②　～アルファテストとベータテスト～

プロトタイプが出来上がったら、製品をテストする必要があります。そこで使われるのが、アルファテストとベータテストです。

アルファテストは、実験室で行われる製品テストのことで、使い方に応じて製品がどう機能するかを見る「機能テスト」です。たとえば、アップル・コンピュータは、購入者に最悪の事態が起こることを想定し、パソコンを炭酸飲料に浸したり、車のトランクを想定した摂氏60度以上に加熱したオーブンの中に入れたり、といった過酷なテストを行います。

一方、ベータテストとは、顧客の協力を得てプロトタイプを使用してもらい、その結果をフィードバックしてもらうというものです。複数の商品A、B、Cについての消費者の選好をアンケートで探りたいといった場合には、以下の3つの方法が有効です。

①ランク順位法

回答者に1位～3位という順番をつけさせるものです。しかし、特に気に入った商品が

アルファテストとベータテストは、ともに商品開発上不可欠なテストである。

あったのか、どのくらい魅力を感じているかという質的な面は把握することができません。

②一対比較法

2つ一組にした商品を提示し、どちらが好きかを答えてもらいます。AB、AC、BCといった組み合わせで行うので、商品の優劣がつけやすい方法です。

③モナディック評価法

一定の尺度を提示し、順位をつけてもらいます。たとえば、1から7までのポイントを用いて、消費者がA：6、B：3、C：2、という数字をつけた場合、消費者の好みの順位だけでなく、好みの度合いなども知ることができます。

6-4 商品開発③ ～市場テストの項目と調査方法～

アルファテストとベータテストを通過した後に、市場テストを行います。市場テストとは新製品を実際の市場環境に試験的に置き、市場の反応と予測していた反応との差を見るテストです。市場テストにおいてチェックする項目は、次の4つです。

①試用購入……試しに商品を購入してくれるか？
②初回反復購入……試用購入後、再購入してくれるか？
③採用……製品を採用してくれるか？
④購入頻度……どれくらいあるか？

試用購入で買ってもらうことは比較的容易で、プロモーションを効果的に行っていれば達成できます。重要な分かれ目となるのは、試用購入の後も商品を購入してもらえるかということです。そして、商品を繰り返し購入するようになった消費者が「採用者」となります。商品の生き残りは、この採用者を何人見込めるかにもかかっています。

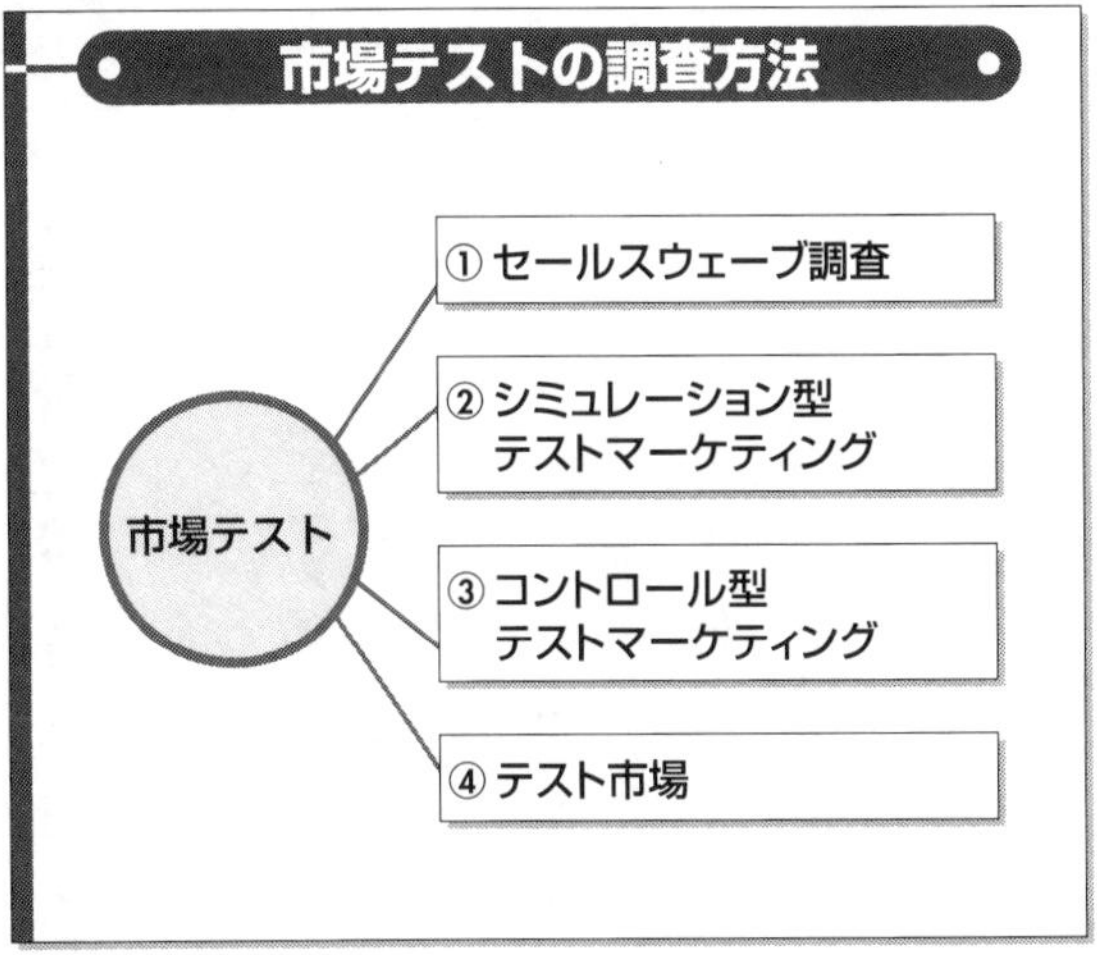

■セールスウェーブ調査

テスト項目を実際に調査していくのに、一般的によく使われる具体的なの市場調査方法を説明します。まずは「セールスウェーブ調査」です。これは、新製品の無料サンプルを配った後に、定価を大幅に下回る価格で商品を提供することで、何人の消費者が再度製品を選んでくれたか、どの程度満足してくれたのかを知ることができます。

この調査は比較的低コストで、他社の目にほとんど触れることなく実行できるというメリットがあります。しかし、「無料」であることから、実際に価格がついた際に、どの程度の費用対効果を実感してもらえるのかは検討ができません。

6-5 商品開発④ ～その他の市場調査法～

■シミュレーション型テスト・マーケティング

一定の基準を満たした消費者にお金を渡し、実際に店に入って商品を買ってもらうテストです。自社の新ブランドと他社ブランドを購入した人数を知ることができ、広告による効果も比較できます。さらに、自社製品を購入した理由やしなかった理由を尋ねられ、また、実際のテスト市場を使うよりも、より正確かつ低コストで、広告効果、試用購入率を把握することができます。加えて、マーケティング・リサーチ会社の報告によると、この方法では実際に市場に導入した際の新製品の売上高がかなり正確に予測できるそうです。

■コントロール型テスト・マーケティング

消費者の購買行動に影響を与える店内の要因や、広告の効果を知りたい場合、コントロール型テスト・マーケティングを用います。

まず、新製品を開発した企業は、調査会社に依頼して、テストしてみたい店舗数や地域

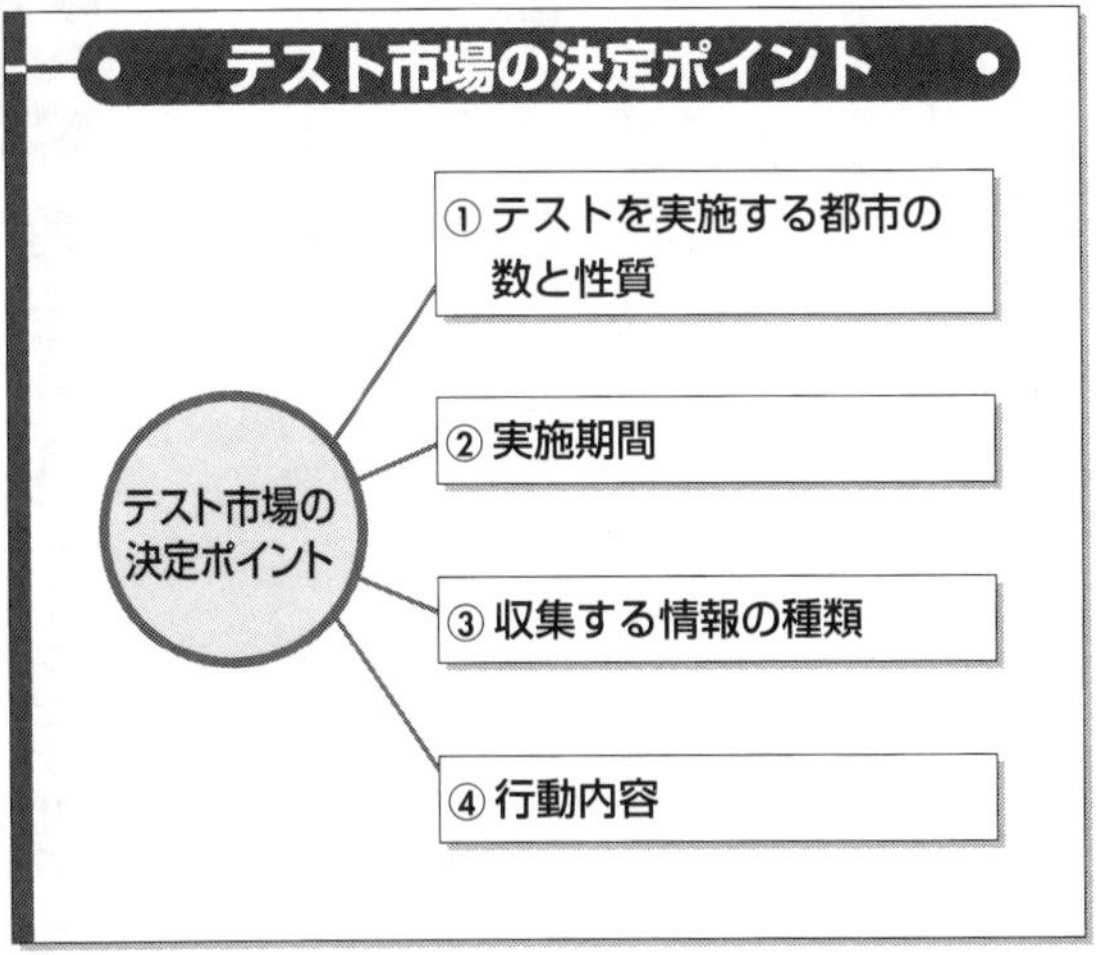

を指定します。調査会社は、新製品を無料で陳列してくれるパネル店舗を管理しているので、製品を参加店に送り、陳列する場所やPOPの数、価格表示などをコントロールします。売上結果はレジで測定され、店内広告やディスプレイの効果を知ることが可能です。

しかし、競合他社に製品の特徴が漏れてしまうというデメリットもあります。

■テスト市場

実際に、新製品を本格的なテスト市場に投入する方法のことを言います。テスト市場では多くの調査費用を要します。そのため、①テストを実施する都市の数と性質、②実施期間、③収集する情報の種類、④行動内容などを綿密に決定した後に行うべきです。

6-6 商品化① いつ商品化するのか

それでは、実際に商品化していく過程について分析してみましょう。商品化の過程では、「いつ?·どこで?·誰に?·どのように?」商品化を行うかを明確に定めることで、ブレのない戦略を策定することができます。それでは、一つひとつのポイントを学習しましょう。

■いつ（タイミング）

①最初に参入する

「先発優位性」を獲得できるというメリットもありますが、欠陥などを把握せずにあわてて参入すると、製品イメージに傷がつく恐れもあります。製品の質を高めた上で、最初に参入することが最も効果的でしょう。

②同時に参入する

競合他社と時期を合わせて参入することで、注目度を上げることができます。ただし、プロモーションの方法で他社に注目が偏ったりするというリスクもあるため、この場合は

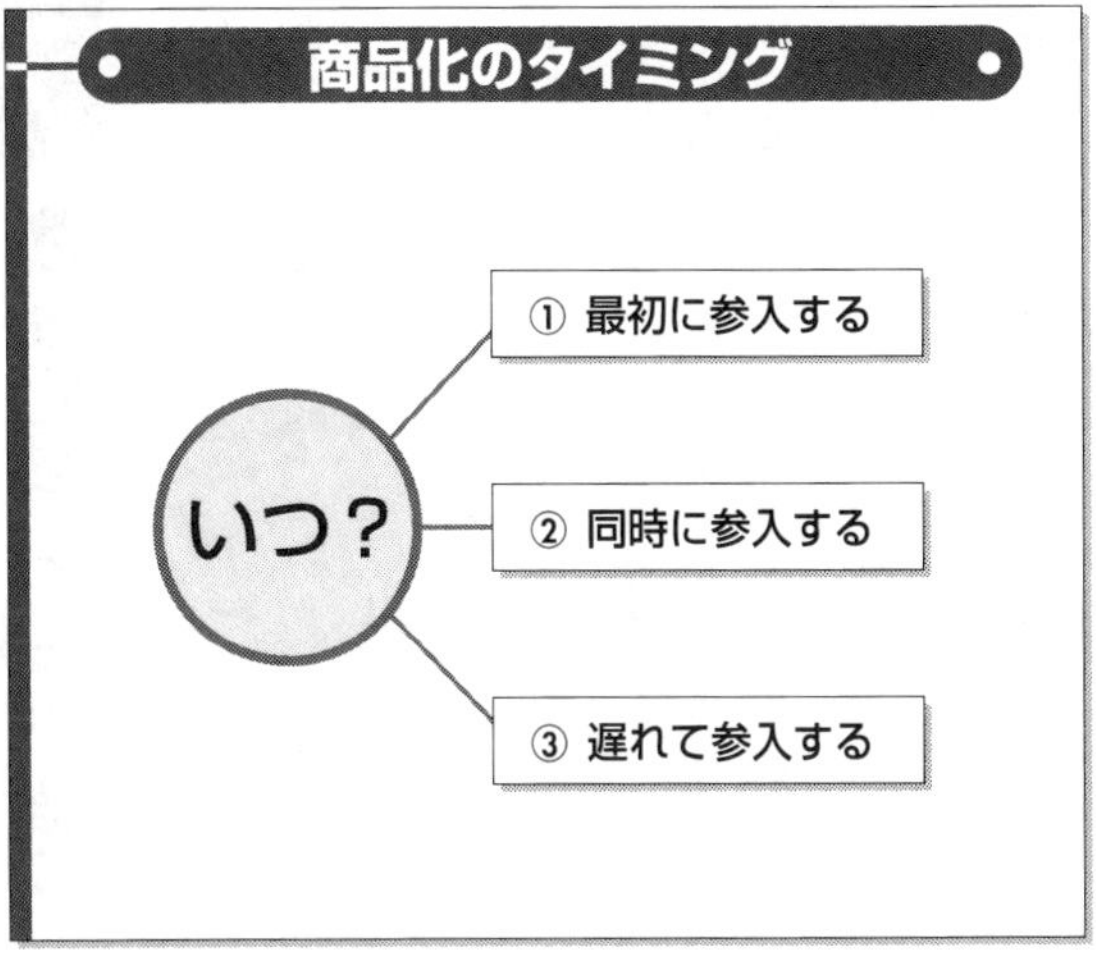

競合他社の状況を見極める必要があります。

③遅れて参入する

競合他社が先に参入するのを待つことで、もし他社製品に欠陥が出たらそれを避けることができ、さらに市場規模も把握することができます。こうした参入コストを競合他社が肩代わりしてくれるという点ではメリットがありますが、「二番煎じ」としてあまり注目されないこともあります。一番手である他社との差別化をいかに訴えていくかが、成功の鍵となるでしょう。

6-7 商品化② どこで、誰に、どのように商品化するのか

■どこで（地域戦略）

地域戦略では、「一つの市場に参入するのか？複数の市場に参入して売るのか？」などの参入する市場の数、および「国内市場に参入するのか、海外か？」といった市場の場所を特定する必要があります。海外進出市場を選ぶときは、候補市場を横軸に、魅力度の評価基準を縦軸にとって、表を作り、各項目を評価することで選定できます。評価基準は、市場潜在力、対象地域における自社の評判、新製品供給コスト、メディアにかかる費用、競合他社の浸透度などが挙げられます。ポイントは、時間をかけた長期的な展開を視野に入れた策定を行うことです。企業規模の小さいうちに複数の市場を欲張るような戦略を行えば、中途半端に破滅する恐れがあります。

■誰に（標的市場の見込み客）

進出する市場の中で、まずターゲットとすべき対象を策定します。以下の特性を持って

商品化の過程では「いつ、どこで、誰に、どのように」行うのかを正確に定めよう。

いることが、見込み客として理想的です。

①製品の初期採用者であること
②製品を使用する頻度が高いこと
③製品を広告してくれるオピニオン・リーダーであること
④低コストで商品が彼らに到達できること

見込み客の策定も長期にわたる展開という視点で考えていくことが重要です。

■どのように（市場導入戦略）

クリティカル・パス・スケジューリング（CPS）という方法を用いて、新製品の発売にまつわる活動を整理できます。製品の発売と同時に行わなければならない活動や、その後継続して行う活動を並べたチャートを作成し、計画を見積もっていくというものです。

6-8 マーケティング・ミックスについて

自社のねらうべきポジションが明らかになったら、次はそのポジションを確立するために、マーケティングの4P（製品、価格、プロモーション、販売チャネル）を組み合わせたマーケティング・ミックスを策定する必要があります。

つまり、これまでは価格と製品に関してのみを考えてきましたが、他にもプロモーションや販売チャネルとも連携を図っていく必要があるということです。

①**製品政策**：決定した標的市場に対し、製品群をどうするか設定することを言います。商品開発の際は特に、他の製品ラインとの相互作用に注目する必要があると学びました。

②**価格政策**：製品の価格設定をすることは、価値を顧客へ表示するという側面と利益を直接創出するという二つの側面があります。商品戦略の中で最も大切なことは、価格を決める際には企業側の都合のみではなく顧客や市場の感覚も加味する必要があります。

③**チャネル政策**：製品を最終消費者へ到達させるのにどのような経路（流通業者）を利用

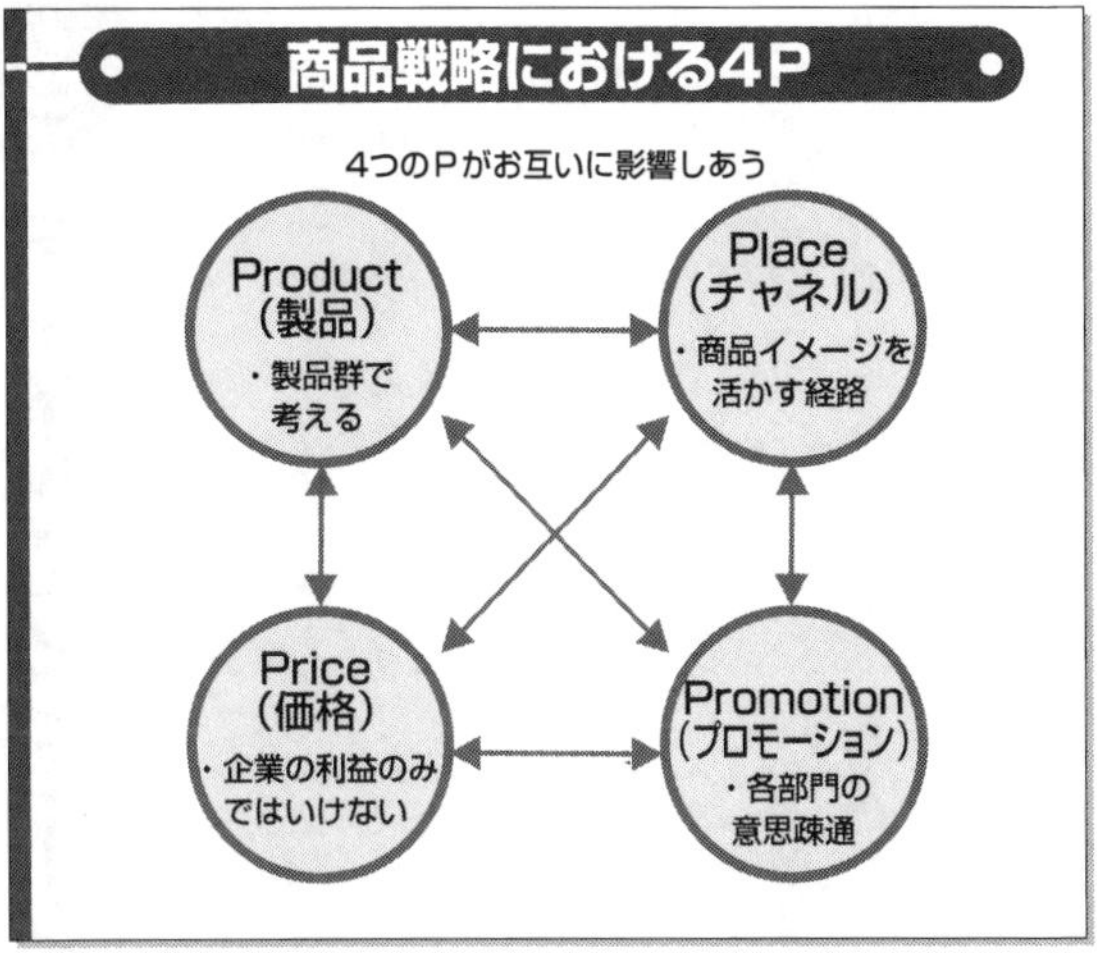

すれば、最も効率的であるかを考えます。特に、商品戦略においては、商品の持つイメージを最大限に活かす流通経路で顧客に商品を届けることはできないかが重要になります。

④プロモーション政策：今日多様化しているメディア等を通じて、消費者に製品をPRする最適な手段について設定します。現在の多くの企業ではプロモーションと商品開発をまったく別の部署が担当しており、意思疎通を十分に図られていないことがあります。このような場合、商品のコンセプトとプロモーションとが拮抗し、プロモーションが逆効果を生むことになりかねません。

4Pを総合的に考えることが、マーケティング活動のどの段階においても重要です。

6-9 チャネルとプロモーションについて言及

最後にチャネルとプロモーションに関して言及しておきましょう。

商品戦略を考える上で、商品のみならず、商品を販売する場所（チャネル）や、どのように宣伝するか（プロモーション）も重要な要素です。チャネルやプロモーションは、製品のコンセプトやブランドイメージを形作る上で非常に重要で、的確にターゲットに訴えかけられるものでなければなりません。商品の質、価格といった要素と、チャネル、プロモーションに整合性があるかどうかを見極め、それぞれを調整していく必要があります。

チャネルやプロモーションの面から製品の価値を高めた例が、スター・バックスコーヒーです。スター・バックスコーヒーは、六本木などの外国人が多い場所へ店を出店し、彼らにコーヒーを買ってもらい、「外国人が飲むコーヒー」というイメージをつけました。そこから、外国人にあこがれを持つ日本人が、スター・バックスにスタイリッシュなイメージを抱くようになり、トップダウン方式でスター・バックスのコーヒーが広がったので

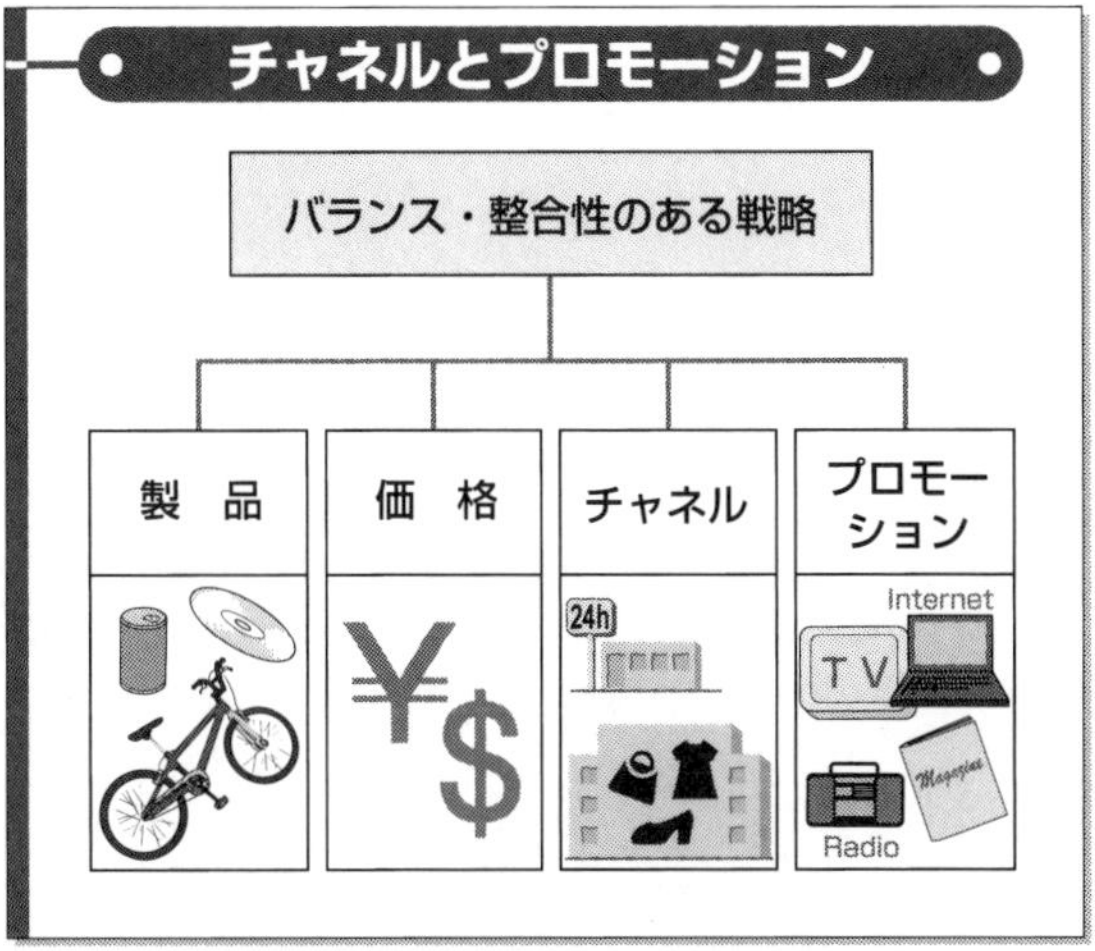

す。これがチャネルを利用した商品戦略です。

また、ブランドイメージの多くがプロモーションによって影響を受けることは周知の事実です。テレビ広告を代表に、ラジオ、駅の立て看板、インターネット広告など多くをミックスさせることが効果的です。また、広告のみならずセールスフォースや人的販売も長期的なブランディング維持には重要な要素を占めると言われています。人的販売は、販売員が直接顧客と接することにより、製品の購入を説得し、売買を締結させる販売活動のことです。

このように、商品のターゲットやイメージに合わせてチャネルやプロモーションを組み合わせることで、効果的な戦略となります。

第7章

商品化後・ライフサイクルの戦略

7-1 この章で学ぶこと

本章は最後の章になります。これまで商品を開発する一連の流れについて学習してきました。ここでは商品化後の商品をどのようにマネージしていけばいいかということを学習します。

コトラー教授のマーケティングの4Pの中でも製品と価格について詳しく考えてきました。この2点はどちらかと言えば市場で販売する以前に大体を決めていなければならない点です。商品化後は残りの2点、チャネルとプロモーションが主役になってきます。ただ、製品と価格についてまったく忘れればいいかと言えばそういうわけでもなく、隙あらばこの2点も適宜改良・改善していかなければならないというのは当然のことです。

さて、話を元に戻しましょう。本章で学ぶことは「消費者採用プロセス」と「プロダクトライフサイクル（PLC）」の2点です。簡単に説明しましょう。

①消費者採用プロセス

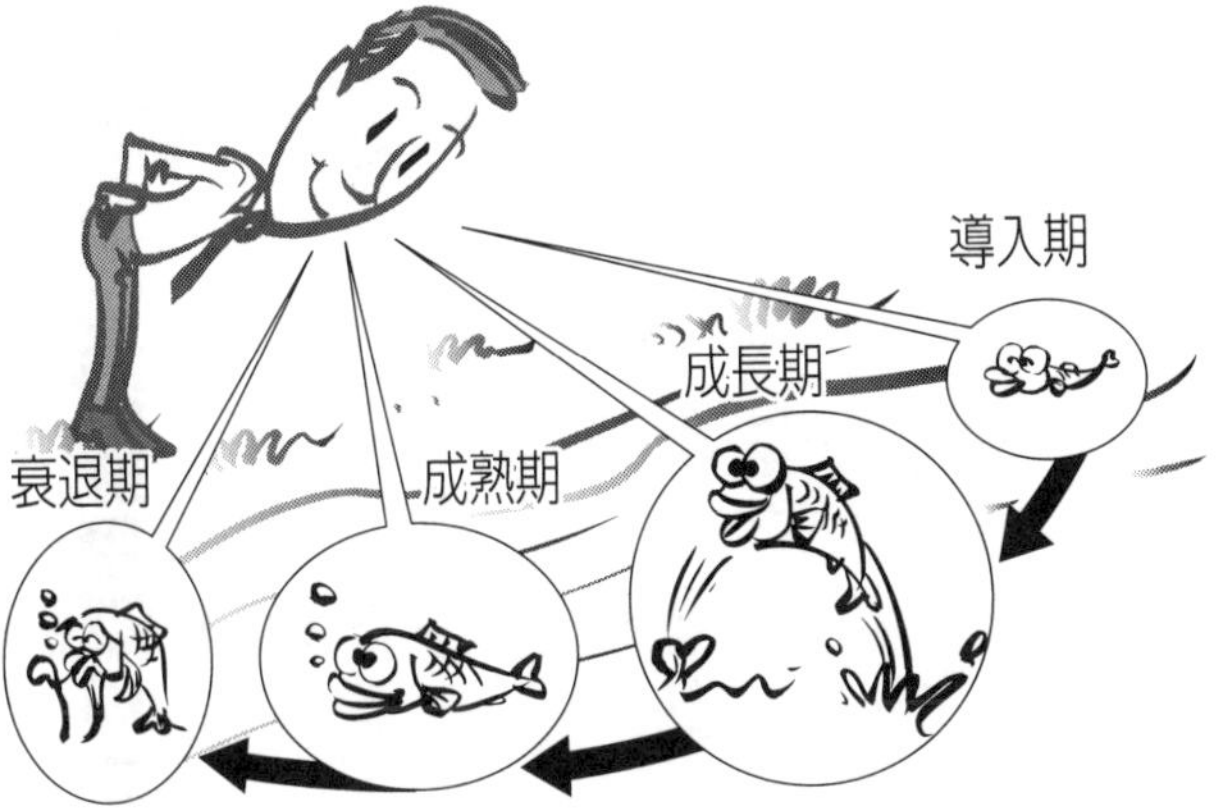

商品のライフサイクルそれぞれの時期に合わせた戦略を考えよう。

消費者採用プロセスとは消費者の一連の動きです。まず、商品を認知し、関心を持つ。そして商品を店頭で評価し、使用する。最後にその商品を採用したり拒否したりする。この一連の流れを言います。この一連の流れの特徴は何かを知ることで、消費者の購買意向を推測することができるのです。

②プロダクトライフサイクル（PLC）

製品の寿命は限られています。この製品のたどる道がプロダクトライフサイクル（PLC）です。どの製品も４つの期間（導入期・成長期・成熟期・衰退期）を経験すると言われており、各段階でとるべき反応は異なります。それぞれの段階の特徴、選択肢・目の付け所、考えられる戦略について見ていきます。

7-2 消費者採用プロセス

消費者に新製品が届くまでに複数の段階を経ます。まず、新製品の存在を「認知」し「関心」を示します。次に製品を「評価」し、評価の結果が良ければ「試用」します。その試用の結果が良ければ「採用」する、あるいは「拒否」するかの結論を下します。

①新製品の試用時期の個人差

まず「個人差」があることを認識しなければなりません。真っ先に情報を入手しその新しさだけで商品に興味を持つ「イノベーター」タイプ、一般の人の反応が良いとわかるまで製品に興味すら示さない「遅滞者」タイプなど消費者は5つに分けることができるとコトラー教授は述べています。これらの個人差の特性と他の指標との因果関係などを調査し、その分布などを明確にし、各々のタイプにマーケティング案を練ることが重要です。

②個人の影響力

影響力の強い消費者の存在も把握しましょう。なぜならば、そのような消費者は他の消

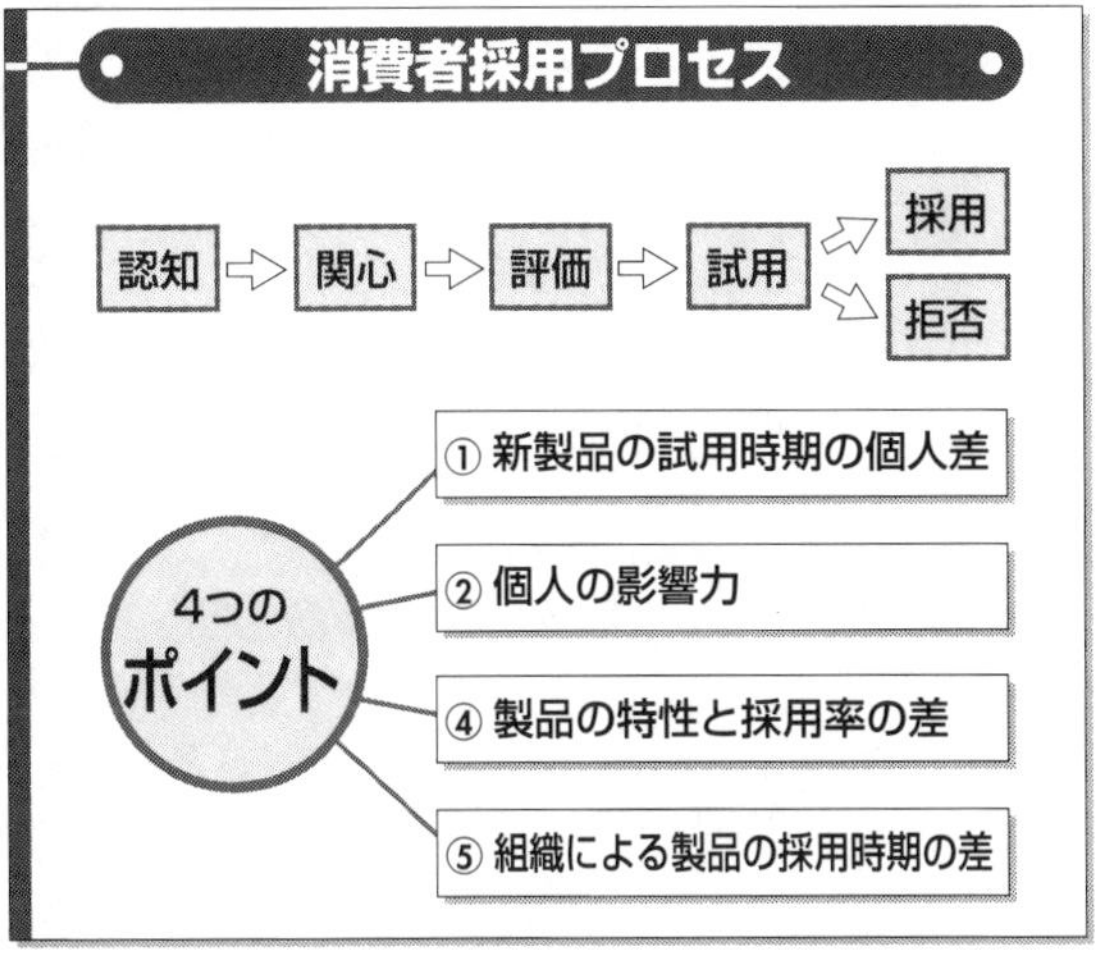

費者への購買意向を左右するからです。

③製品の特性と採用率の差

製品の特性に応じて採用率が異なることも把握しておきましょう。高級品の場合には検討により慎重になるためにどうしても採用率が低くなります。逆に買い回り品の場合には「とりあえず試してみよう」という興味が強く働き、瞬く間にヒット商品になります。

④組織による製品の採用時期の差

製品ではなく組織自体が採用率に影響力を与えます。たとえば、花王やＰ＆Ｇといった化学系消費財メーカーが出す新商品の洗剤には反応が早い場合が多いですが、市場に知られていないメーカーが洗剤を販売しても商品に対する反応は低いです。

7-3 製品のライフサイクル

人に寿命があるように製品にも寿命があります。その製品の寿命を製品のライフサイクル（プロダクトライフサイクル）と言います。プロダクトライフサイクル（以下、PLC）と言えば直感的に製品個体がクローズアップされて「製品が壊れるまでのサイクル」と勘違いするかもしれませんが、それは違います。PLCは製品個体からの視点ではなく、ある製品に対する市場における製品の人気に関する内容です。

つまり、製品が市場に投入されたばかりでは人気もなく、宣伝などのコストも多くかかるので、売上げも伸びず収益も期待できない（導入期）、製品が受け入れられはじめ、かなり収益が向上していく（成長期）、製品が潜在的顧客に受け入れられてしまったために、売上げの成長が減衰し、収益は安定するが競争の激化により徐々に減少していく（成熟期）を経て、最後に製品の売上げが低下し、収益も減衰していく（衰退期）といった一連の流れをどの製品も経験することになるという考え方です。

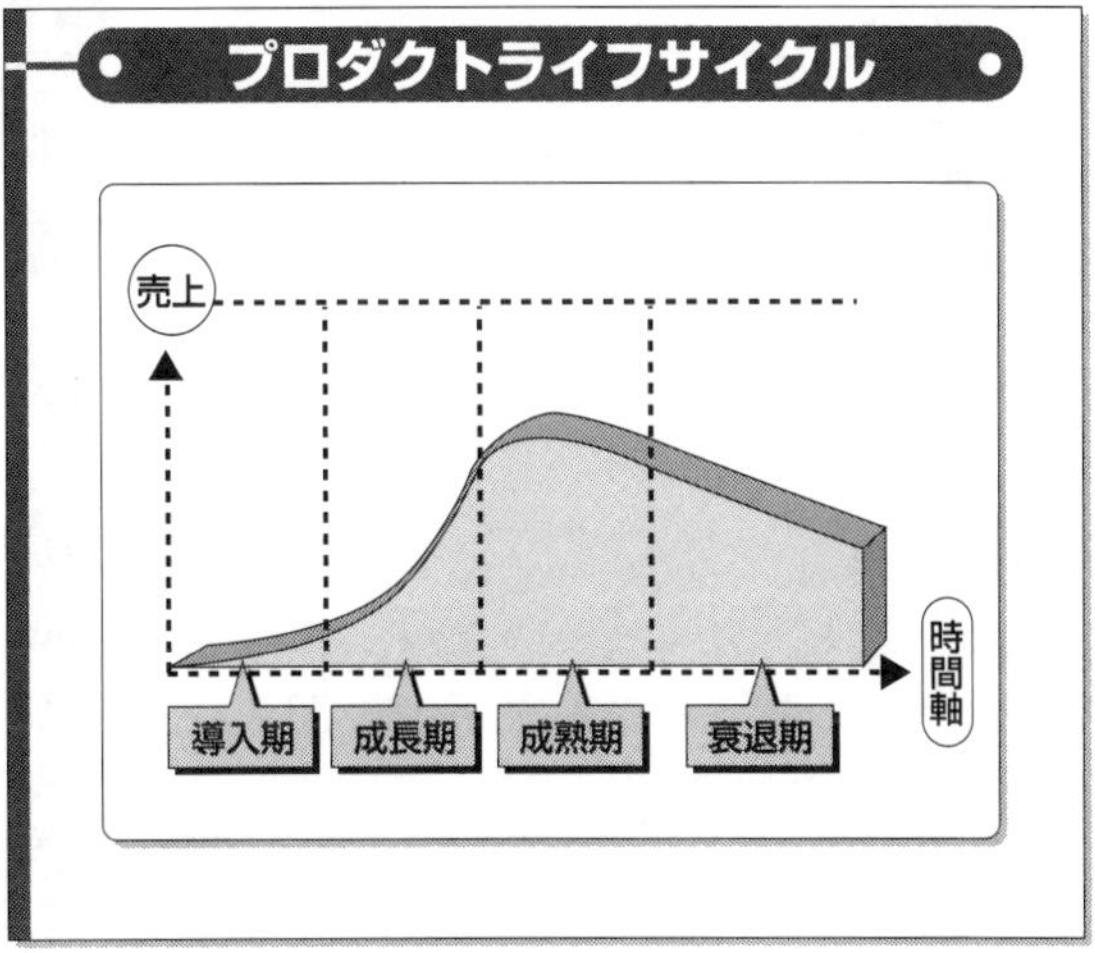

　ここでPLCの存在を知るだけでは不十分で、これらに応じたマーケティング戦略を認識しなければなりません。主にチャネルとプロモーションに関する戦略なのですが、各期間にどのような点を考え、どのような戦略を打つべきかを次のトピックから学習します。

①導入期：早く市場に参入することのメリットとデメリット

②成長期：成長を長く維持するために？

③成熟期：成長の鈍化、競争の激化の中で生き抜くために？

④衰退期：撤退か収穫かの意思決定

7-4 導入期の戦略① 特徴と目の付け所

それでは、各々のＰＬＣの期間における特徴とその戦略を整理していきましょう。どの期間も明確な差異があるので、戦略もどちらかといえば、はっきりしたものになっています。まずは、導入期の戦略です。

①期間の特徴

製品を導入したてのころは、売上げが少なく、流通とプロモーションに多額の支出を要するため、収益がマイナスとなる時期です。この期間に企業が見せる特徴として、比較的高価で販売することが挙げられます。その理由は生産コスト、生産における技術的な問題、多額なプロモーション費用などを支えなければならないからです。

②選択肢・目のつけ所

この時期に企業が考えなければならないのは、「先発優位性を取るか」の意思決定です。先発優位性とは第１番目に市場に参入することから得られるメリット、つまり、まったく

導入期の戦略

特徴	売上少ない　収益マイナス 比較的高価で販売
選択肢・目の付け所	先発優位性をとるか否か
考えられる戦略	①急速な上澄み吸収 ②緩やかな上澄み吸収 ③急速な浸透 ④緩やかな浸透

競合のいない市場に入ることで確実に自社のみが利益を得ることができるという点です。

しかし、早く市場に参入するということは多くのリスクを含んでいることを理解していなければなりません。早く市場に参入するということは、自社が市場を切り開くコストをすべて背負わなければならないし、その種類の製品について意見をあらかじめ集めることができないので、市場の反応が予測されにくいということです。

たとえば、松下電器が2番手戦略と言っていますが、これは先発優位性から生じるリスクを回避するという点で敢えて先発優位性を犠牲にする戦略と言って良いでしょう。

7-5 導入期の戦略② 考えられる戦略

導入期に考えるべき戦略は以下の４つの戦略のどれに従うかということになります。

③考えられる戦略

１．急速な上澄み吸収

製品を高価格で販売することを上澄み吸収戦略と言います。なぜなら、高価格で販売するということは上層部分の顧客のみを対象としているからです。上層部分の消費者にはオピニオン・リーダーの含まれている場合が多いため、その箇所を狙った戦略です。企業が潜在的競争、つまりオピニオンリーダーの奪い合いに直面しており、将来のブランド選好を確立したい場合には有効な戦略です。また、この上澄み吸収を急速に行いますので、高額のプロモーションを投入して一気に認知させるスピードが勝敗を決するとも言えます。

２．緩やかな上澄み吸収

高価格で販売することは１．と同様ですが、プロモーションにあまりコストをかけず

導入期に考えるべき戦略

	急　速	緩やか
上澄み吸収	高価格 高プロモーション	高価格 低プロモーション
浸透戦略	低価格 高プロモーション	低価格 低プロモーション

徐々に広めていこうとする戦略です。自社が他に同様な技術の製品がない先駆者である場合には、最も効率的な戦略です。

3．急速な浸透

浸透戦略とは低い価格で販売することで、より多くの顧客に広く行き渡ることを目標にしたものです。需要の価格弾力性が大きい場合には特に有効だと言えるでしょう。これを高プロモーション費用で行うのが本戦略です。

4．緩やかな浸透

低価格・低プロモーション費用で行うことで、ゆっくりと製品が市場に浸透していくことをめざします。この戦略は、市場が大きく、製品の認知度と弾力性が高く、潜在的競争が少々ある場合に適した戦略です。

7-6 成長期の戦略

①期間の特徴

成長期では売上げが急速に上昇するのが特徴です。これは徐々に消費者の幅が広くなっていくからです。企業は新たなチャネルが必要となり、流通経路をどんどん拡大させるようになります。また、導入期では高かったプロモーション費用も落ち着いてきます。

価格も低くなり始めますが、プロモーション費用だけではなく、原価も製造コストも販促費も低下するため、価格低下よりも多くの収益を得ることができるのです。

②選択肢・目のつけ所

ここでのポイントはできる限り長い間、成長期を維持することがポイントです。なぜならこの後は成熟期、衰退期と利益の減少する期間が続きます。したがって、この成長期にどれだけ長い期間で著しい成長率を見せることができるかがポイントなのです。

③考えられる戦略

成長期の戦略

特徴	売上急速に上昇　収益拡大 価格低下
選択肢・目の付け所	この期間をいかに長く維持できるか
考えられる戦略	①製品品質の改良 ②新型モデルとフランカー製品の追加 ③新しい市場セグメントの参入 ④新しい流通チャンネルへの参入 ⑤製品選好広告へのスイッチ ⑥値下げ

企業は成長率を維持させるために次のような戦略を用います。

1. 製品品質を改良し、新しい製品特徴と改良したスタイルを加える。
2. 新型モデルとフランカー製品を加える。
3. 新しい市場セグメントに参入する。
4. 流通カバレッジを拡大し、新しい流通チャネルに参入する。
5. 製品を認知させる広告から製品を選好させる広告に変える（製品を選好させる広告とは製品の特徴を存分にアピールし、使用場面を限定し、より狭い消費者の心に深く製品をアピールする目的の広告です）。
6. 価格に敏感な消費者を魅了するために価格を下げる。

7-7 成熟期の戦略

①期間の特徴

成熟期は期間としてみても最も長く、技術の発達した現代はほとんどの企業がこの成熟期にあたるようです。成熟期はさらに3つの期間に分けることができるとコトラー教授は言います。成長成熟、安定成熟、そして衰退成熟です。成長期との境目あたりでは加速度が低下傾向であるとはいえ、着実に売り上げは伸びています。この期間が成長成熟です。

その後、徐々に売り上げの増加傾向は止まり、伸びはなくなります。これが安定成熟です。最後に、衰退期への引渡しとして売り上げの減少が見られるようになります。この軸が衰退成熟です。この時期になると顧客は他の製品や競合に心変わりするようになります。

②選択肢・目のつけ所

この時期になると新たに満たすべき流通チャネルがなくなります。このような過酷な状況でどのように売り上げをキープ、できれば上昇させるか、これが成熟期のポイントです。

成熟期の戦略

特徴	PLCの中で最も長い期間 売上・収益ともに安定成長から横ばい、さらに減少へ
選択肢・目の付け所	新たな流通チャンネルがない状況下で、いかに売上をキープ、できれば上昇させるか
考えられる戦略	①市場の変更（ユーザー数の増加からユーザー1人当たりの使用量増加へ） ②製品の変更（品質改良／特徴改良／スタイル改良） ③マーケティングミックスの変更（価格下げ、広告のパターン変更など）

③考えられる戦略

では、どのようにないものを増やすか、具体的な戦略を見ていきましょう。

1．市場を変更する

単純にユーザー数を増やすことに専念するだけではなく、ユーザー1人あたりの使用量を増やすことに専念する戦略です。

2．製品を変更する

続いて、製品のイメージ・特徴を変更しようとする戦略です。

3．マーケティング・ミックスを変更する

マーケティング・ミックスを変更することも成熟期の戦略です。お互いの4Pにより相乗効果が得られるように工夫することがポイントです。

7-8 衰退期の戦略

①期間の特徴

順調な製品でもいつかは衰退します。人間に寿命があるのと同じで、製品にも寿命があります。この期間に売り上げは徐々に減少し、放っておけば赤字になります。

②選択肢・目の付け所

衰退期での戦略は2通りしかありません。それは、「衰退期で、できる限りキープする」、あるいは「衰退期で撤退する」です。前者は、衰退期で売り上げが減少していくのを食い止める作戦です。衰退期でも製品への投資を続け、低下する売り上げで、わずかな利益を着実に得ようとします。後者は、逆に見捨てて、市場から脱出する戦略です。

③考えられる戦略

1．投資を増やす

プロモーション費用、流通整備費用を増加し、利益を得ようという戦略です。

衰退期の戦略

特徴	売上徐々に減少、赤字になる可能性も
選択肢・目の付け所	「この段階をできるだけ維持」 あるいは「撤退」
考えられる戦略	①投資の増加（プロモーション費用やチャンネル整備費用の増加） ②業界の不確実性が減るまで投資レベルを維持 ③収益性の低い顧客の切り捨て、選択 ④投資の収穫 ⑤現在の資産を処分して早急に撤退

2．業界の不確実性が減るまで投資レベルを維持する

「確実にダメ」とわかるまで続ける戦略です。負けがわかればすぐに撤退します。

3．収益性の低い顧客を切り捨て、選択的に投資する

収益性の高いセグメント、まだ製品に愛着を抱いてくれるセグメントのみに集中するという戦略です。

4．早急に投資分を収穫する

次のマーケティングを行うための資金として、投資分は回収しようという戦略です。

5．資産を処分して早急に撤退をはかる

資産を有効に処分し、現在の資産で手に入れるだけ手に入れて立ち去るという戦略です。

参考文献

◇フィリップ・コトラー『コトラーのマーケティング・マネジメント（ミレニアム版）』（ピアソン・エデュケーション）
◇マイケル・E・ポーター『新版　競争の戦略』（ダイヤモンド社）
◇グローバルタスクフォース　『コトラー教授「マーケティング・マネジメント」入門II　実践編』総合法令出版
◇グローバルタスクフォース　『通勤大学ＭＢＡ２　マーケティング』（総合法令出版）
◇トーマス・T・ネイゲル、リード・K・ホールデン　『プライシング戦略』（ピアソン・エデュケーション）
◇青木　淳　『プライシング―消費者を魅了する「値ごろ感」の演出―』（ダイヤモンド社）
◇山梨広一、菅原章　『マッキンゼープライシング』（ダイヤモンド社）

⑧価格設定のためのプロセスフォームⅢ

様々な価格設定方法

（注意点）

○本テンプレートは複数の価格設定方法で検討することを目的に置いたものであるため、最初から方法を限定せずにとりあえず全ての方法で試行してみること。

	説明	価　格
①マークアップ価格	単位コスト／（1ー期待収益率）	
②ターゲットリターン価格	単位コスト＋（期待収益率＋投下資本）／販売数	
③知覚価格	顧客が見出す経済価格（市場調査による）	
④バリュー価格	品質に比べて割安な価格	
⑤現行ルート価格A	競合他社の価格と同等の額	
⑥現行ルート価格B	競合他社よりも低い額	
⑦現行ルート価格C	競合他社よりも高い額	

⑨事業分析：コストと利益の推定

（使い方）

○本文をよく読み、5年間の収支を予測する。

○NPV[G]はG式を割引率ｒで現在価値に直したもののことを、ΣJはJ式の年度毎累計額を示す。

（注意点）

○精密に見積もる材料が揃っている場合は年度毎ではなく期毎で分析してもよいが、通常は行わない。

	0年度	1年度	2年度	3年度	4年度	5年度
売上高（A）						
売上げ原価（B）						
粗利益（C＝A−B）						
開発費（D）						
マーケティング費（E）						
完成費配賦費（F）						
総貢献利益（G=C−D−E−F）						
副次利益（H）						
純貢献利益（I≒G）						
割引貢献利益（J=NPV[G]）						
割引貢献利益の累計額（K=ΣJ）						

⑦スタティック・バリュー・マネジメント

（ステップ）

①便益を数値化する指標を導出する

②競合をリストアップし、顧客が認識する価格と便益をグラフに表す。

（注意点）

・競合ではできるかぎり多くを用いること。できれば少なくても10点以上が望ましい

	競　合	価　値	便　益
1			
2			
3			
4			
5			
6			
7			
8			
9			
10			
⋮			

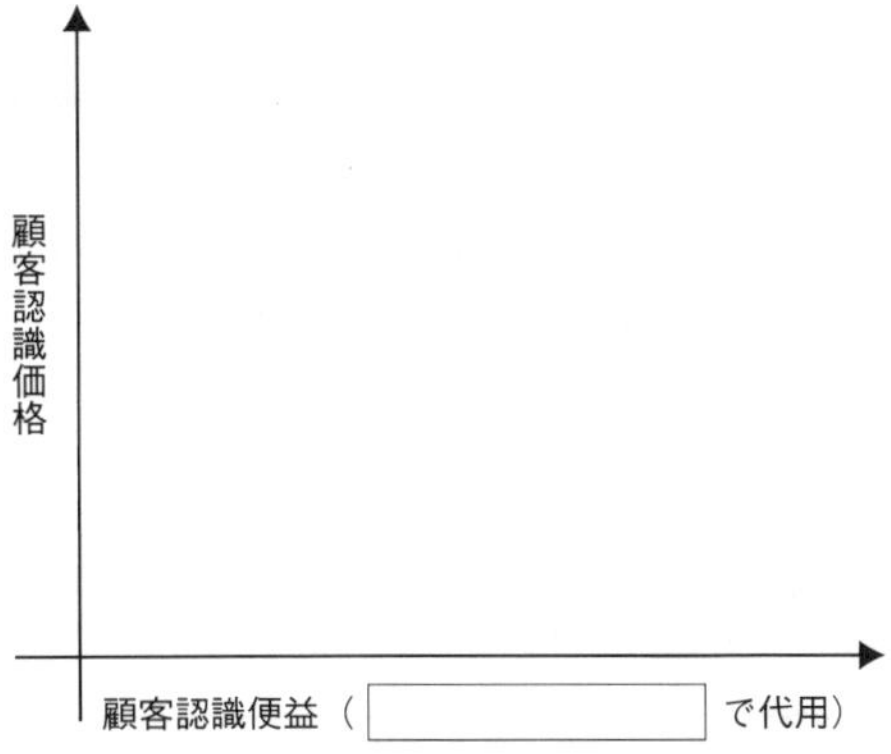

⑥価格決定のためのプロセスフォームⅡ

需要弾力性を見積もるチェックリスト

○以下の質問に関して、いくつ当てはまるかを検討する

○当てはまるポイントが多ければ、価格に対する需要弾力性が少ないことを示す

質問

- ☐ ①同機能・類似機能を持った競合他社の製品はあまりない。あるいは、あるが認知度が低い。
- ☐ ②新製品は、消費者にとって代替品と何が違うのか分かりにくい。
- ☐ ③消費者は現在の製品（代替品）を買い続けることでメリットを得られている。
- ☐ ④新製品はイメージ製品・排他的製品・他の製品との相対的な品質を知る手がかりのない製品である。
- ☐ ⑤標的購買者が新製品を買う場合の出費額が比較的大きなものである。
- ☐ ⑥商品は1製品を構成する1部分であり、その最終的な価格にくらべ些細なものである。
- ☐ ⑦商品は1製品を構成する1部分であり、その最終製品の価格に対して消費者は鈍感である。
- ☐ ⑧商品は通常、個人が購入するものではなく、一部あるいは全額を他社が負担してくれるものである。
- ☐ ⑨新製品は「以前の生活を維持するための買い回り品」というよりも「贅沢品」である。
- ☐ ⑩新製品の価格体系では様々なオプションに対して消費者が損失を被らない仕組みになっている。

⑤価格設定のためのプロセスフォームⅠ

価格設定目的のチェックリスト

○次の視点を確認した上で、最適な価格設定の目的を選択する

1．企業の生存
（設備過剰、激しい競争、消費者ニーズの変化に悩んでいる際に短期的に有効）

2．最大経常利益

3．最大市場シェア
（市場価格に敏感、経験曲線の効果が出やすい、低価格が競合を索引する場合に有効）

4．最大上澄み吸収
（十分な買い手が需要を有している、大量生産の利点を得られない、競合が参入しにくい、「高価格＝優性商品」というイメージがつきやすい場合に有効）

5．製品品質のリーダーシップ

6．フルコストの回収

7．上記以外の目的（自社オリジナル）

④ターゲティング・ポジショニング

（使い方）

① 2 つの軸を選択する（前のを参考にしてもよいし、オリジナルなものも望まれる）

②セグメントにおける競合の状態、市場規模を概算し、自社に最適なセグメントを選定する。

（注意点）

①なるべく何個もマトリクスを作成し、複数の観点から把握する。

②軸同士の相関性が強いもの同士を選択することは避ける。

		軸名（　　　　）							
軸名（　　　　）									

③セグメンテーションの軸

●地理的変数

①地域	北海道、東北、北信越、関東、中部、近畿、東海、中国、四国、九州、沖縄、海外
②人口密度	都市圏、郊外、地方
③気候	太平洋側、日本海側、温暖、平均的、寒冷

●デモグラフィック変数

①年齢	6歳未満、6歳～11歳、12歳～19歳、20歳～34歳、35歳～49歳、50歳～64歳、65歳以上
②世帯規模	1人～2人、3人～4人、5人以上
③家族のライフサイクル	若い独身者、若い既婚者で子供なし、若い既婚者で末子が6歳未満、若い既婚者で末子が6歳以上、年輩の既婚者で子供あり、年輩の既婚者で子供なし、年輩の既婚者で18歳未満の子供なし、年輩の独身者、その他
④性別	男性、女性
⑤所得	200万円未満、200万～300万円、300万～500万円、500万～1000万円
⑥職業	専門職および技術者、マネジャー、役員、経営者、事務員および販売員、職人、職工長、熱練工、農場主、退職者、学生、主婦、無職
⑦教育水準	中卒以下、高校中退、高卒、大学中退、大卒
⑧世代	ベビーブーム世代、ジェネレーションX、団塊の世代
⑨国籍	北アメリカ、南アメリカ、イギリス、フランス、ドイツ、イタリア、日本
⑩社会階層	最下層、下層の上、労働者階層、中流階層、中流の上、上流の下、最上流

●サイコグラフィック変数

①ライフスタイル	保守的な常識家、先端を行く指導者タイプ、芸術家タイプ
②パーソナリティ	衝動的、社交的、権威主義的、野心的

●行動上の変数

①使用機会	日常的機会、特別な機会
②ベネフィット	品質、サービス、経済性、迅速性
③ユーザーの状態	非ユーザー、元ユーザー、潜在的ユーザー、初回ユーザー、レギュラー・ユーザー
④使用割合	ライト・ユーザー、ミドル・ユーザー、ヘビー・ユーザー
⑤ロイヤルティ	なし、中程度、強い、絶対的
⑥購買準備段階	認知せず、認知あり、情報あり、関心あり、購入希望あり、購入意図あり
⑦製品に対する態度	熱狂的、肯定的、無関心、否定的、敵対的

出所:『コトラーのマーケティング・マネジメントミレニアム版』(ピアソン・エデュケーション刊)P.326を一部修正

②アイディアスクリーニングチェックシート

（使い方）

①チェックリストを経て得られたアイディアを「アイディア欄」に書き込む
②アイディアに関して概要と収益性の部分を埋める
③（少なくとも）下記の5つの点に着目してスクリーニングを行う（少なくともというのは、自社でオリジナルな評価点を追加してもよい）

（注意点）

・必ず複数の人のチェックを受ける（1人の意思決定者によって判断しない）
・スクリーニングを行い、アイディアに最終的には優先順位をつけること

	アイディアの概要と収益性								スクリーニング				
	アイディア			現段階での簡単な見積もり					実現可能性		実現したときの効果		
	アイディア	標的市場	競争状況	市場規模	製品価格	開発コスト	製造コスト	収益率	実現可能なアイディアだ	新規性がある	ニーズに合っている	優れた価値を提供できる	目標を達成できる
1													
2													
3													
4													
5													
6													
7													
8													
9													
10													
11													
12													
13													
14													
15													
16													

①アイデア創出のためのチェックリスト

・アイデアを創出するためには次の視点を忘れない
・以下の空欄にアイデアをとにかく書き込んでまとめる
　※その際に「こんな技術はできない」とか「こんなサービスは人気がないだろう」などと勝手に判断しない

商品カテゴリー ＿＿＿＿＿＿＿＿＿＿＿＿（できるだけ具体的に書く）

①顧客の立場から見て追加したい機能（顧客へのアンケート）

②リードユーザが欲する機能（リードユーザに同カテゴリー内の現行商品を使用してもらい、感想・意見を聞く）

③競合他社の製品やサービスで欠けている点、あったらいいなという機能・サービス（競合他社製品を試用する）

④販売員や仲介業者からの情報を抽出する。もっと改善できる点。顧客の求めている製品・サービス（販売員へのアンケート）

⑤専門家の意見から抽出された意見（トップマネジメント、代替業者、発明家、大学、有識者、コンサルタントに聞く）

《付録》

商品・価格戦略テンプレート集

★商品・価格戦略を立案する際に使えるテンプレート集を収録しました。各テンプレートの本文における概当箇所は本文のページ右下に記載されています。

■著者紹介

グローバルタスクフォース株式会社

スタンフォードやMIT、ロンドンビジネススクールなど、世界18カ国の主要経営大学院54校が共同で運営する35万人の公式MBA同窓組織「Global Workplace」（本部：ロンドン）から生まれた、出向を伴う戦略の実行支援会社。MBA同窓生を中心に、MBA以外のビジネスパーソンに対しても、リーダー3種の神器である①人脈、②キャリア経験、③知識をバランスよく構築できるインフラを提供する。日本では雇用の代替としての非雇用型人材支援サービス「エグゼクティブスワット」を世界に先駆けて展開。大手企業グループ合併後の新会社経営企画本部内チーム常駐支援やベンチャー企業常駐支援など、多くのプロジェクト支援実績を持つ。

毎月第一金曜日開催のパワーブレックファースト・ミーティング（Tokyo Early Bird）や毎年2回開催のMBA&ビジネスリーダーネットワーキングイベントなどで、組織を越えた人脈をつくる機会を提供するほか、継続的に知識をブラッシュアップさせるポストMBAセミナーや統一マネジメントテスト（M.E.T.）の作成、eラーニング（通勤大学MBA実践力養成講座）、携帯テスト（一問一答MBA）の提供なども行っている。

また、学びながらキャリアアップを目指すビジネスリーダー候補の支援を目的にWEBサイト「日経 Biz C.E.O.（http://www.global-taskforce.net/nikkei）」を日経グループと共同で運営する。

著書に「通勤大学MBA」シリーズ、「通勤大学実践MBA」シリーズ、『MBA世界最強の戦略思考』『MBA100人に聞いた英語習得法』『思考武装』『意思決定力が身につくトレーニングノート』『あらすじで読む世界のビジネス名著』『ポーター教授「競争の戦略」入門』『コトラー教授「マーケティング・マネジメント」入門』（I・II実践編）（以上、総合法令出版）『図解わかる！MBAマーケティング』（PHP研究所）、『MBA速読英語』（大和書房）など多数。

公式URL：http://www.global-taskforce.net

通勤大学文庫
通勤大学実践MBA　**商品・価格戦略**
2005年7月8日　初版発行

著　者　**グローバルタスクフォース株式会社**
装　幀　**倉田明典**
イラスト　**田代卓事務所**
発行者　**仁部　亨**
発行所　**総合法令出版株式会社**
〒107-0052　東京都港区赤坂1-9-15
日本自転車会館2号館7階
電話　03-3584-9821
振替　00140-0-69059
印刷・製本　**中央精版印刷株式会社**

ISBN4-89346-907-X

総合法令出版ホームページ　http://www.horei.com